LE JOUR
OÙ J'AI APPRIVOISÉ
MA PEUR

Cet ouvrage parle de la peur et des peurs, sous un angle constructif et optimiste. La lecture de cet ouvrage ne remplace pas une consultation avec un professionnel de la santé (médecin, psychiatre ou psychologue). Si vous vous sentez anxieux, fragile ou déprimé, je vous invite à prendre un rendez-vous avec votre médecin. La santé mentale est aussi importante que la santé physique. Je compte sur vous.

Design et mise en pages par Bénédicte Souffrant – PCA-CMB.

ISBN : 978-2-7029-2119-7

www.editions-tredaniel.com
info@guytredaniel.fr
www.facebook.com/editions.tredaniel
@editions_guy_tredaniel
@le_courrier_du_livre

AMÉLIA LOBBÉ

Psychologue

LE JOUR OÙ J'AI APPRIVOISÉ MA PEUR

LES CLÉS ET TECHNIQUES
POUR AVANCER EN CONFIANCE

LE COURRIER
DU LIVRE

27, rue des Grands-Augustins
75006 Paris

Sommaire

Introduction

La peur fait partie des émotions de base chez les êtres humains et chez les animaux. Elle est inhérente à notre condition d'être vivant. C'est une émotion saine qui indique que notre cerveau fonctionne bien. Héritage de nos ancêtres de la préhistoire, l'émotion de peur a une fonction dans l'évolution : elle est un ingénieux système d'alarme qui nous a protégés des prédateurs, de nos ennemis, du froid, de la chaleur, des terres hostiles et de l'inconnu. Aujourd'hui, la peur a encore des fonctions adaptatives, notamment celle de signal d'alarme. Tous les organismes vivants, des organismes unicellulaires aux organismes complexes, réagissent de la même manière face à un danger : ils ont peur, ils fuient, ils se figent et se cachent. Nous avons toutes et tous des peurs. Mais la peur assure notre survie, elle a un rôle protecteur pour nous et elle nous permet de demeurer en alerte. Elle nous montre aussi le chemin !

Ces dernières décennies, des peurs nouvelles ont fait leur apparition : la peur du chômage, du déclassement social et du sida dans les années 1980, des attentats dans les années 1990 et surtout à partir du 11 septembre 2001, l'éco-anxiété dans les années 2000, la peur de ne pas trouver de sens dans son travail à partir des années 2010, la peur du Covid depuis 2020, la peur de la guerre en 2022... L'univers des peurs est vaste et se renouvelle sans cesse !

Dans cet ouvrage, je vous invite à explorer cet univers avec moi. Au cours de ce voyage, je vous présenterai la peur aux niveaux physiologique et psychologique. Je décrypterai nos plus grandes peurs. Nous verrons comment les peurs émergent et sont utilisées socialement. Ensuite, nous découvrirons que toutes nos peurs ne sont pas constructives et utiles. Il en existe certaines dont nous pouvons nous débarrasser sans regret. Nous verrons ensemble comment les traiter. Parfois, nos peurs s'intensifient et se transforment en doutes, en anxiété et en angoisses. Bonne nouvelle : l'anxiété se traite ! Je réserve également un chapitre à l'expression et au traitement de la peur dans la fiction, car la peur est un thème récurrent dans les romans, les films et les séries. Et car la pop culture fait partie de notre quotidien et reflète l'évolution de la société. Ensuite, je vous propose d'explorer différentes pistes pour faire de la peur une alliée, auprès de laquelle vous pourrez cheminer. Enfin, j'ai invité des femmes formidables et inspirantes à me parler du jour où elles ont apprivoisé leurs peurs. Je pense que leurs expériences feront écho aux vôtres et j'espère qu'elles vous inspireront. Pour ma part, j'ai vécu avec des peurs et des doutes une partie de ma vie. Mais j'ai appris à les identifier et à apprivoiser la plupart d'entre elles. Il m'en reste quelques-unes, sinon ce ne serait pas drôle !

La peur est une fenêtre ouverte sur le monde. Nos peurs dévoilent tout ce que nous aurions envie de réaliser. Elles révèlent notre désir de vivre. Elles nous désignent les caps que nous n'avons pas encore franchis. Elles nous donnent des buts à atteindre. N'est-il pas enthousiasmant d'apprivoiser nos peurs et d'en faire nos alliées ? N'ayez pas peur, et suivez-moi ! Je vous souhaite un bon voyage et une bonne lecture !

CHAPITRE I

La peur, une de nos émotions de base

UNE ÉMOTION ANCESTRALE

La peur est un système d'alarme sophistiqué, qui a aidé les humains et les animaux à survivre, à s'adapter à l'environnement et à évoluer, depuis la nuit des temps. L'émotion de peur nous informe des dangers et des menaces potentiels. Elle met nos sens en éveil, nous oblige à focaliser notre attention et à trouver une réponse adaptée. Elle nous permet aussi d'anticiper les dangers. Elle se manifeste par des sensations physiques, de l'hypervigilance et des pensées. Tout à coup, nous sommes en alerte et notre part animale prend le dessus.

La peur nous envoie un message selon lequel nous serions en présence d'un danger potentiel. Mais notre cerveau ne fait pas la différence entre un danger potentiel et un danger avéré, entre le chat qui bouscule un meuble la nuit et un bruit réellement suspect, entre une croyance limitante et un véritable danger. Alors, quelle que soit la situation, une montée d'adrénaline et de cortisol se produit dans notre corps. Ces hormones permettent au glucose d'être dirigé vers nos muscles. On a la chair de poule, notre sang se glace, on a une sueur froide, notre respiration s'accélère, notre cœur bat la chamade, notre sang circule plus vite, on transpire abondamment... On est en état d'alerte !

Ce système d'alarme peut aussi se déclencher alors que nous ne sommes pas en situation de risque émotionnel ou physique. Certaines personnes n'ont pas d'autre choix que de ressentir fréquemment ces émotions de peur, car leur organisme est bloqué en état d'alerte. C'est le cas des personnes touchées par un trouble anxieux, souffrant du trouble de stress post-traumatique, sujettes à des phobies... Ce qui n'effraye pas une personne peut à juste titre en effrayer une autre, car nous n'avons pas tous vécu les mêmes expériences. Tout est relatif dans l'univers de la peur. Y a-t-il de bonnes et de mauvaises peurs ? Qui peut affirmer que la peur de quelqu'un d'autre est illégitime ? Une peur peut être irrationnelle, mais cela ne veut pas dire qu'elle est illégitime : elle a une raison d'être.

Cependant, la peur n'est pas « négative » en soi, bien au contraire ! Ce sont les sensations de peur et les croyances qui y sont associées qui peuvent nous freiner, nous amener à pratiquer l'évitement ou nous paralyser. Certaines personnes recherchent précisément ces sensations intenses ! Elles adoptent des « conduites à risques » ou elles sont adeptes des sports à sensations. Certaines se lancent des défis personnels régulièrement afin d'agrandir leur zone de confort. D'autres préfèrent ressentir des émotions fortes au cinéma ou dans leur canapé, en regardant des films et des séries dédiés à la peur. La peur est un bon excitant qui n'est pas toujours désagréable.

En résumé, la peur est l'une de nos six émotions de base. C'est un mécanisme de survie qui nous alerte d'un danger potentiel ou avéré. Ce mécanisme nous permet de réagir face à un risque et à une menace, et de nous adapter à notre environnement et aux situations nouvelles. La peur provoque des sensations physiques et psychologiques qui s'expriment de diverses manières et à différentes intensités.

L'UNE DE NOS PREMIÈRES ÉMOTIONS

Nous découvrons la peur le jour de notre naissance. Ce jour-là, nous découvrons également notre vulnérabilité et notre dépendance aux autres êtres humains. Un bébé qui sort du ventre de sa mère est certainement désorienté et il ressent très probablement de la peur. Il quitte la piscine d'eau chaude, dans laquelle il était logé, nourri et en sécurité, pour se retrouver à l'extérieur, démuni, tout nu, vulnérable, cerné d'inconnus, une lumière braquée dans les yeux. Il y a vraiment de quoi être effrayé, non ? D'un instant à l'autre, un bébé découvre les sensations de froid et de faim, certainement très angoissantes. Il ne peut pas se lever pour aller aux toilettes et se faire un sandwich tout seul quand il a faim. Il doit réclamer de la nourriture, se manifester quand sa couche est mouillée et demander de l'attention, afin de survivre. La suite n'est guère plus simple : on lui demande d'être seul dans son lit, sans personne pour le rassurer, alors que, juste avant, il était au chaud, « contenu » et en sécurité. On exige qu'il se taise et soit calme, parce que les pleurs des bébés ennuient la plupart des adultes, alors qu'il ne peut pas s'exprimer par le langage et que les pleurs sont son seul moyen d'expression. Nous savons aussi qu'un bébé a besoin d'un visage souriant et aimable devant lui, afin de prendre conscience de sa propre existence et de construire son estime de soi. Un bébé qui manque d'attention, de contact visuel et de câlins, se laisse dépérir. Il est totalement dépendant de la bonne volonté et de l'humeur des adultes qui s'occupent de lui. Dès le premier jour de sa vie, un bébé découvre la grande vulnérabilité de l'être humain. Quelle angoisse cela doit provoquer !

LE CIRCUIT DE LA PEUR

Lorsque nous sommes confrontés à un danger, à un événement stressant, effrayant ou traumatisant, à l'objet de notre anxiété, ou de notre phobie, à une réflexion désobligeante de la part de quelqu'un, à une pensée anxiogène ou à un souvenir pénible, notre *système nerveux autonome orthosympathique* s'emballe. Ce système est chargé de l'excitation de notre organisme et de ses réactions.

La phase 1 : Danger et alarme

Nous sommes toutes et tous très sensibles à la possibilité d'un danger ou d'une menace. C'est dans notre ADN. C'est pourquoi quand on est confronté à un événement identifié comme suspect, notre organisme fait en sorte de nous aider à réagir et à affronter la situation. Notre cerveau nous envoie la peur. Sans la sensation de peur, nous ne serions ni en état de focaliser notre attention ni en état de réagir. Cette sensation de peur consiste en une série de réactions en chaîne dans notre organisme, survenant à la suite d'un *stimulus* : bruit pendant la nuit, catastrophe, orage, voiture qui surgit, pensée intrusive, cauchemar, souvenir, ombre, intrusion d'un animal nuisible, agression, tentative d'agression, embouteillage, examen à passer, dispute, réflexion désobligeante, mauvaise nouvelle... Notre organisme est en alerte et se met en condition.

Imaginons que nous entendons un bruit inhabituel dans notre maison, ou alors que nous pensons avoir aperçu une grosse araignée. Cette information est transmise à une zone au milieu de notre cerveau appelée le *thalamus*. Puis elle est relayée directement à l'*amygdale*, la zone de traitement de la peur. Ensuite, le *glutamate*, un *neurotransmetteur* très important dans la réponse de peur, est envoyé. Grâce au glutamate, il se produit plusieurs réactions chimiques, notamment au niveau de la *substance grise périaqueducale*, un ensemble de neurones qui forment une masse grise. Cette partie du cerveau joue un rôle important dans les *comportements de défense automatiques.*

L'information parvient à *l'hypothalamus*, qui gère le *système nerveux autonome*, le fameux « système nerveux orthosympathique, ou sympathique », en charge de l'excitation de l'organisme. C'est grâce au système nerveux sympathique que l'information se répand dans le corps. Puis l'hypothalamus sécrète l'*hormone CRH (corticolibérine).*

Ensuite, l'*hypophyse* produit l'*hormone ACTH (adrénocorticotropine)*, qui va jusqu'aux *glandes surrénales.* De l'*adrénaline* et de la *noradrénaline* sont libérées par les *glandes médullosurrénales.* Notre pression artérielle, notre rythme cardiaque et notre tension musculaire augmentent. Notre cœur bat la chamade. Notre respiration s'accélère. Certaines de nos activités cognitives et digestives sont interrompues. Nos taux de *glucose* et d'*oxygène* augmentent dans le sang et ceux-ci sont dirigés vers nos muscles. Le glucose est transformé en énergie, au cas où nous aurions besoin d'affronter notre adversaire ou de nous enfuir. Notre part animale prend le dessus.

La phase 2 : Les sensations de peur

Pendant ce temps, du *cortisol* est libéré par les *glandes corticosurrénales.* Le cortisol est l'*hormone du stress.* Il permet au système nerveux sympathique de continuer de s'activer. Grâce au cortisol et à l'adrénaline, la peur s'exprime physiquement et psychologiquement de différentes manières. Nos pupilles se dilatent afin de mieux voir la menace. L'expression de notre visage change, on a l'air saisi d'effroi. On a la chair de poule. On transpire. On a les mains qui tremblent fortement. Des sensations de sourde angoisse et d'oppression peuvent apparaître. On sent des nœuds dans nos intestins. On a mal au ventre. Nos muscles sont contractés. On frissonne, on a très froid et notre sueur se glace (c'est la fameuse « sueur froide »). Ou au contraire, on a des bouffées de chaleur et on transpire abondamment.

Tous ces symptômes ne sont pas faciles à ressentir et à supporter, je le comprends très bien. D'autant que les sensations de peur et d'anxiété sont exactement les mêmes, que le danger soit réel, imaginé ou inexistant. Au premier abord, notre cerveau ne fait pas la différence entre un vrai danger, une phobie ou un bruit anodin.

La phase 3 : La réaction démarre

Notre système nerveux sympathique, en charge de l'excitation de notre organisme, a été activé ! Il produit des comportements réflexes que sont les modes de comportement «*fight*, *flight*, *freeze*, *fright*, *faint* et *fawn*». En d'autres mots, faut-il se battre, s'enfuir, rester immobile, envoyer notre esprit ailleurs, s'évanouir ou s'adapter à la situation ?

- **Le mode *freeze*** : On se fige, l'espace d'un instant, en état d'hypervigilance, cherchant à analyser la situation et ne sachant pas quelle option choisir. Notre attention est focalisée. On est aux aguets et en état d'alerte maximum. On est prêt à l'action !
- **Le mode *faint*** : On fait un malaise vagal et on peut perdre connaissance (cela peut arriver quand on subit un choc émotionnel violent, ou bien face à l'objet de sa phobie).
- **Le mode *fright*** : On est terrorisé, dans l'impossibilité de bouger, sidéré, parfois jusqu'à un état d'autohypnose, ou même de dissociation. Notre esprit est ailleurs, il se protège comme il peut. D'une certaine manière, on disparaît et on s'échappe de la réalité.
  - On peut vivre une *expérience de «dépersonnalisation»*. C'est la sensation d'être à côté de son corps, comme un spectateur, et de se regarder agir. Notre corps est là, mais notre esprit est ailleurs.
  - Cette sensation peut être accompagnée d'une *expérience de «déréalisation»*. C'est la sensation que l'environnement tourbillonne et qu'il n'est pas réel. Lors d'une

expérience de déréalisation, il est possible d'entendre des bruits étouffés et d'avoir l'impression d'être dans un univers étrange et cotonneux, d'être en danger, ou scruté par des gens malveillants. Ce sont des symptômes dissociatifs déconcertants, mais pas rares.

– On peut vivre une expérience de *sidération*, lors de laquelle on est prostré et incapable de faire un geste. Là aussi, notre esprit fait ce qu'il peut pour nous préserver.

- **Le mode *fawn*** : On se montre corvéable, soumis, excessivement aidant et en état d'hyperempathie. On s'adapte démesurément à la situation, dans le but de survivre à un environnement violent ou à une personne impossible à raisonner (au travail, avec des personnalités toxiques ou dans une organisation toxique, face à un agresseur, dans certains couples ou dans les familles dans lesquelles il y a de la violence, au sein d'un groupe...).
- **Le mode *flight*** : On fuit, on évite de se confronter, on se cache, on court le plus vite possible. Si on le peut, c'est souvent le choix de la raison sur le moment.
- **Le mode *fight*** : On fait face et on affronte l'adversité, mais encore faut-il se sentir capable, et être réellement en mesure de se battre, à armes égales, ce qui n'est pas toujours le cas !

Les premières réponses sont souvent l'hypervigilance et l'immobilité : on se fige et on est aux aguets. Cette hiérarchie dans les réponses automatiques a trouvé son utilité au cours de l'évolution, car le fait de s'agiter pourrait provoquer une attaque de la part du prédateur et on aurait moins de chance de survivre. La réponse suivante est la fuite. Si on sent que notre intégrité physique est menacée, et qu'on a la possibilité de courir, il faut le faire et se cacher. La dernière réponse est souvent le combat, si on est trop près de ce qui nous menace et, surtout, si on s'en sent capable. Hélas, cela n'est pas toujours possible ! Ce sont des réactions naturelles et spontanées qui nous aident à survivre. Sur le moment, nous n'avons pas forcément le choix de cette réponse, car notre système orthosympathique s'active de manière automatique et notre cerveau fait ce qu'il peut pour nous préserver. Nous sommes dotés d'un instinct de survie et nous adaptons immédiatement à la situation. Toutefois, ce ne sont pas les seules réponses à la peur. Dans d'autres situations, on peut aussi être totalement paniqué et agité, on peut faire une crise d'angoisse, une attaque de panique ou de l'anxiété nocturne. On peut avoir des troubles du sommeil, faire des insomnies ou d'horribles cauchemars.

La phase 4 : Le retour au calme

Nous avons vu que notre organisme ne fait pas la différence entre un véritable danger et un danger que nous percevons comme étant réel, entre un petit et un gros risque, entre un suspense de cinéma et le fait d'attendre un message important. Que l'on soit sur le point de prononcer un discours important devant une salle comble, qu'on ait cru entendre un bruit dans le garage ou apercevoir une araignée, qu'on regarde un bon film à suspense, ou qu'on attende des résultats d'examen, nos sensations et nos réactions sont les mêmes ! Nous savons bien que l'imagination peut produire de véritables symptômes de peur. C'est d'ailleurs sur ce ressort que s'appuient les auteurs de romans fantastiques et les réalisateurs de films à frissons. Quelle que soit la situation, pour notre système de peur, nous sommes toujours poursuivis par l'un des dragons de Daenerys Targaryen de *Game of Thrones* !

Si la menace est finalement réévaluée à la baisse et si nous prenons conscience qu'elle ne représente pas un véritable danger, alors la réponse de l'amygdale est régulée grâce à notre *système nerveux parasympathique*. Celui-ci est en charge du retour au calme de notre organisme. On réalise qu'il n'y a pas de cambrioleur dans la maison et que c'est un courant d'air qui a fait claquer la fenêtre. On découvre qu'il n'y a pas de grosse araignée sur le sol et qu'il s'agissait d'une peluche qui traînait. Quel soulagement ! Notre corps se calme et on souffle. En principe, quelques minutes après l'événement et le pic de peur, on se calme et la vie reprend son cours ! En principe...

La phase 5 : L'épuisement

Si le facteur de stress est trop violent, s'il perdure dans le temps, ou si on éprouve des difficultés chroniques à réguler ses émotions et à « redescendre », on entre en phase d'épuisement. Le « mauvais stress » entre en jeu. Notre organisme continue de libérer du cortisol et de l'adrénaline, de manière continue. Il est en surrégime. Attention, j'attire votre attention sur ce point : il existe un risque réel d'épuisement, de burn out et de dépression réactionnelle. Ce n'est pas une légende urbaine. Une dépression peut survenir quelques semaines ou quelques mois après, comme un soufflé qui retombe, à cause de l'épuisement émotionnel et parce que les limites ont été atteintes.

LE TRAUMA

Un trauma est un événement profondément difficile et perturbant, qui bouleverse la vie et l'intégrité physique et psychologique d'une personne. Chaque personne peut avoir sa définition d'un trauma, car cela dépend de l'expérience subjective et de la capacité de résilience de chacun. Toutefois, on parle de « trauma » quand une personne se sent psychologiquement, physiquement et émotionnellement bouleversée par un événement, et quand celui-ci suscite une émotion de peur et une réponse de stress durables. Les traumas peuvent être catégorisés ainsi :

- *Le trauma de type 1* désigne un événement unique et inattendu, tel qu'un accident de voiture ou de santé, un incendie, une catastrophe naturelle, la perte d'un être cher, un attentat, une agression physique ou sexuelle, une guerre, une hospitalisation, une maladie ou une blessure grave ;
- *Le trauma de type 2* fait référence à une série d'événements répétitifs qui perdurent dans le temps, surtout dans

l'enfance, tels que des abus physiques, émotionnels ou sexuels, le harcèlement à l'école, l'inceste, le fait d'avoir été ou d'être embrigadé sévèrement dans une religion ou une secte, la maltraitance, l'abandon, la violence domestique, une maladie non diagnostiquée, une privation de nourriture et de soins ;

- *Les traumas collectifs, intergénérationnels ou historiques* font référence à des événements qui affectent une communauté, une famille, un groupe culturel ou une génération, tels que l'esclavage, la ségrégation raciale, un déplacement forcé, un placement en camp de redressement, une migration, un génocide, une guerre, une pandémie, etc. ;

- *Le trauma secondaire, ou vicariant* désigne la fatigue compassionnelle que peuvent subir les personnes travaillant dans les métiers du soin (pompiers, psychologues, soignants, travailleurs sociaux...), car elles sont les témoins et réceptacles des souffrances des autres ;

- *Les traumas du quotidien* sont les événements de la vie pouvant être traumatisants, comme un déménagement, la perte d'un animal domestique, une perte d'emploi, un mariage, un divorce, une naissance.

Quand un trauma se produit, le système nerveux peut demeurer bloqué en état d'alerte, dans un des modes de réponse « *fight*, *flight*, *freeze*, *fright*, *faint* ou *fawn* », c'est-à-dire « se battre, fuir, rester immobile, envoyer notre esprit ailleurs, perdre connaissance ou s'adapter à la situation ». Le cerveau est blessé et rejoue le scénario en boucle. Le cortisol continue d'être déversé en grande quantité dans l'organisme. Or un taux de cortisol très élevé et diffusé en continu est un poison qui provoque des réactions inflammatoires, un vieillissement accéléré à cause des radicaux libres, des troubles du sommeil, et des dommages dans le cerveau, au niveau du système limbique, le siège de l'anxiété. Cela fragilise le système immunitaire, entraînant des infections à répétition, des problèmes de peau ou des troubles divers... On se sent dépassé et submergé. C'est très fatigant pour le corps et l'esprit.

Un trauma peut déboucher sur un trouble anxieux, comme un trouble anxieux généralisé, de l'anxiété nocturne, des crises d'angoisse fréquentes, un trouble panique, de l'anxiété d'anticipation, de l'anxiété sociale, de l'anxiété chronique, une phobie spécifique, un trouble de stress post-traumatique, un état d'épuisement émotionnel (le burn out émotionnel), une dépression réactionnelle...

Pour autant, nous ne sommes pas condamnés à vivre éternellement en fonction de ce que nous avons subi dans le passé. Nous ne sommes pas sur terre pour souffrir toute notre vie. La psychothérapie peut nous aider à activer notre résilience, à développer des stratégies de réponse plus adaptées, à cohabiter avec un trouble et à faire évoluer considérablement notre santé mentale. Cela peut changer une vie. Dans le cas d'un trouble anxieux et d'une dépression, les antidépresseurs peuvent soulager et soigner une personne qui souffre, surtout s'ils sont accompagnés d'une psychothérapie. Autrement, ils ne sont qu'une béquille chimique. On peut également apprendre à mieux réguler nos émotions, grâce à toutes les techniques de régulation des émotions et des stratégies de « coping » (« faire face à »). Tout cela prend du temps, mais je vous assure que cela en vaut la peine.

SOMMES-NOUS TOUS ÉGAUX DEVANT LE STRESS ET LA PEUR ?

En d'autres mots, nos gènes influencent-ils notre personnalité ? Selon les chercheurs, 40 % de nos traits de personnalité et 50 % de notre aptitude au bonheur seraient dus à nos gènes, ce qui déterminerait en partie notre aptitude à positiver, à voir le beau, à être satisfait, à se réaliser et à voir le verre à moitié plein plutôt qu'à moitié vide... De même, notre capacité à réguler nos émotions serait déterminée en partie par le gène 5-HTT, impliqué dans le transport de la sérotonine. Les personnes possédant le gène 5-HTT à allèle courte seraient beaucoup plus sensibles au stress que les personnes possédant le gène 5-HTT à allèle longue.

Face à une situation potentiellement anxiogène ou stressante, l'amygdale des individus possédant le gène 5-HTT à allèle courte s'activerait beaucoup plus que les autres ! Les gens possédant le gène 5-HTT à allèle courte seraient également plus fragiles face à la dépression. Cependant, pour s'activer, les gènes doivent être confrontés à des événements favorisant la dépression. Et quand bien même, de nos jours, la dépression est une maladie qui peut se traiter.

Le reste de notre personnalité est coloré par notre environnement, un environnement qu'on ne choisit pas. Personne ne choisit ses parents, ni l'attention que ceux-ci portent à leur progéniture, ni son lieu de naissance, ni son milieu socioculturel, ni le type d'éducation reçue, ni l'accès à la culture et aux belles choses quand on est enfant, ni ses problèmes de santé, ni ses expériences potentiellement traumatisantes... Cependant, rien n'est écrit à l'avance! De notre ressort, il reste les choix que nous réalisons une fois adultes, le choix de l'orientation professionnelle, d'un ou d'une partenaire, de nos fréquentations, de l'endroit où on veut vivre, d'un travail, de notre style de vie, d'avoir des activités, de la curiosité intellectuelle, de panser nos blessures, de se faire accompagner par un professionnel de la santé mentale...

D'autre part, il existerait un lien entre la sérotonine et l'anxiété. La sérotonine est le neurotransmetteur qui favorise la bonne humeur. Pour favoriser la production de sérotonine, il faut veiller à avoir une bonne hygiène de vie, s'exposer à la lumière du jour quotidiennement, avoir une activité physique quotidienne (comme la marche à pieds) et bien se nourrir, notamment d'aliments contenant du tryptophane, le précurseur de la sérotonine (riz complet, chocolat, banane, noix de cajou...). Il est également essentiel de bien dormir, et d'entretenir de bonnes relations avec ses proches, car le lien social a une répercussion directe sur la production de sérotonine et sur notre bien-être mental...

TÉMOIGNAGE

Emmanuelle et son monstre intérieur

« La peur ou plutôt les peurs ont fait partie de ma vie de façon très précoce. Perdre mon père à 5 ans, à la suite de son suicide, a déclenché un certain nombre de peurs chez moi : peur d'un danger ou d'une perte imminente, de n'être pas à la hauteur, d'être coupable, de perdre à nouveau les gens que j'aime, de mourir et plus tard, de laisser mon enfant désemparé, comme je l'ai été moi aussi des années plus tôt. La peur, c'est comme un monstre en face duquel vous vous retrouvez sans avoir rien demandé ! Il vous effraie au point que vous avez envie de prendre vos jambes à votre cou et vous enfuir au plus vite. Et puis vous réalisez finalement que le monstre n'est pas à l'extérieur, mais à l'intérieur de vous, et que fuir et chercher à l'éviter serait vain car vous l'emmènerez partout où vous chercherez à vous réfugier. Durant des années, j'ai alimenté mon monstre qui grossissait à vue d'œil : par mes stratégies d'évitements, mes pensées négatives, ma vision en tout ou rien, bref, par tous mes biais cognitifs et mes comportements de fuite ! Plus j'essayais de le fuir et de le contourner, plus il me poursuivait.

J'ai compris que la solution résidait dans le fait de m'exposer peu à peu, tout en douceur, aux situations qui me terrifiaient : laisser mon fils prendre le bus seul, prendre la parole progressivement sur les réseaux sociaux, envoyer mes livres à des éditeurs, monter dans un manège à sensations avec mon fils ! Et vous savez quoi ? Au-delà de la fierté de constater que je pouvais y arriver, j'ai ressenti au fur et à mesure ce que je ne pensais jamais vivre un jour : le sentiment d'être plus forte que mon monstre intérieur ! Bien sûr, il est toujours là parfois (et tant mieux car il me met en garde face à certaines situations réellement dangereuses), mais je le mets le plus régulièrement possible à la diète. Car j'ai compris que l'écouter en lui donnant trop d'attention me faisait souffrir... Et tous les deux, nous nous portons bien mieux ainsi ! »

Emmanuelle Drouet, psychologue et auteure
@peripepsy

DONNER DU SENS À L'ÉMOTION DE PEUR

Généralement, notre vie quotidienne est organisée en une routine bien rodée. Nous nous attendons à ce que celle-ci se déroule comme nous l'avons prévue. Nous voyons et faisons les choses d'une certaine façon, nous répétons des rituels et avons notre système de croyance. Cette confiance en la routine et cette croyance dans son pouvoir nous préservent certainement d'un certain nombre d'angoisses concernant les dangers que nous encourons. Ainsi, quand une difficulté inattendue se présente, qu'un changement se profile de manière explicite ou que nous devons faire face à un obstacle, notre première réaction est souvent la peur, parfois sous forme d'anxiété. Cette anxiété, une émotion dérivée de l'émotion de peur, nous montre qu'il existe un décalage entre notre vision du monde et la réalité de la vie, entre principe de plaisir et principe de réalité, entre nos désirs et ce qu'on peut réellement obtenir, entre nos attentes et le résultat final, entre une situation familière et une situation étrange, entre nos ressources et ce que les autres attendent de nous. Elle nous indique que nos plans sont contrariés et que nous ne contrôlons pas la situation !

Dans de telles circonstances, nous avons envie de comprendre, d'interpréter et de trouver du sens, afin de rétablir notre équilibre émotionnel et cognitif. Pour cela, nous nous appuyons sur nos connaissances, notre culture, nos proches, les livres, les experts, nos valeurs, notre système de croyances, les réseaux sociaux, parfois sur la foi... La peur nous incite à la réflexion *a posteriori*.

La crise sanitaire nous a montré que personne n'est à l'abri d'un coup du sort, ni épargné par les problèmes de santé, ou par n'importe quel autre souci de la vie. Elle nous a bien démontré que tout peut arriver, même d'impensables confinements à répétition, et ce, dans presque tous les pays du monde ! Des événements imprévus peuvent à tout moment venir troubler notre vie tranquille et provoquer de la peur. Cette peur nous incite à vouloir trouver du sens à ce qu'il nous arrive.

NOUS AVONS TOUTES ET TOUS DES PEURS

Notre cerveau est supposé nous protéger lorsque nous sommes en présence d'un danger potentiel. Pour cela, il nous envoie des messages de peur. Il existe des peurs tout à fait rationnelles, et d'autres qui peuvent sembler plus irrationnelles. Une peur rationnelle concerne une menace réelle et directe sur notre sécurité, celle de nos proches ou notre intégrité physique et mentale... Une peur irrationnelle ne repose pas nécessairement sur quelque chose qui existe, mais plutôt sur l'interprétation qu'on en fait. Cependant, tout est relatif dans l'univers des peurs. Ce qui semble irrationnel à quelqu'un peut sembler tout à fait rationnel à quelqu'un d'autre ! Tout dépend des expériences et de la sensibilité de chacune et de chacun. Certaines peurs traversent les modes et les tendances. D'autres changent avec les époques, car la société évolue et nos attentes changent. Les peurs s'adaptent ! Parmi les indémodables, on peut citer la peur de ne plus être aimé, de l'abandon, du déclassement social, de perdre la face en société, la peur d'avoir peur, de la guerre, du rejet social, de l'échec, de la maladie, de la solitude, de rater sa vie, de perdre un être cher, de la mort, du chaos... Toutes ces peurs forment les racines d'un arbre : une peur peut en produire d'autres, certaines sont liées entre elles. Parfois, on ne sait même pas comment tout a commencé ! Toutes ces peurs s'entremêlent et tissent le fil de notre vie.

Nous avons tendance à élaborer un « storytelling » à partir de nos peurs et à construire des récits autour d'un événement traumatisant, d'un secret de famille, d'une légende urbaine, d'un fait de société, d'un événement historique, parfois d'une rumeur sur les réseaux sociaux. Parfois, des couches de peurs se juxtaposent, alors il faut remonter le fil de l'histoire. Quand nous remontons à la source, nous pouvons mieux comprendre comment tout a commencé, à condition de regarder notre histoire avec objectivité. Cela nous aide à prendre conscience de toutes nos peurs. Nous pouvons décider, en pleine conscience, si celles-ci sont toujours d'actualité ou non. Quand la réponse est non, cela fait du bien de s'en libérer !

TÉMOIGNAGE

BÉATRICE ET LA PEUR D'ÊTRE SEULE

« Ma vie amoureuse a toujours été comblée. De mes 17 ans à mes 39 ans, j'ai connu deux longues relations, qui m'ont rendue très heureuse. Entre les deux, il y a eu une coupure d'un an. J'avais alors 30 ans, je n'étais pas maman et j'avais rencontré un garçon chouette avec qui j'étais restée six mois. Tout cela pour dire que je n'ai jamais connu la solitude affective. Il y a un an, mon mari et moi avons décidé de nous séparer. J'ai commencé à avoir des grosses montées d'angoisse. J'allais me retrouver célibataire pour la première fois de ma vie. Cela peut paraître idiot, car ce genre de situation est loin d'être unique, mais elle a généré un gros stress chez moi. Ce stress fut amplifié par la perte de mon papa. Rentrer le soir sans personne qui m'attend. La peur panique d'être seule, de ne pas m'en sortir seule, de ne pas être heureuse seule... Cette situation m'a fait réfléchir et m'a permis de prendre conscience qu'être heureuse ne devait pas passer systématiquement par la présence, ou par l'approbation d'un conjoint. Il m'a fallu plusieurs mois (et beaucoup de rencontres inopportunes) pour me débarrasser de ma dépendance affective. Pour me dire que OUI, être bien dans mes baskets et apprécier chaque jour qui passe est possible, sans être en couple. »

Béatrice, hôtesse de l'air

UNE PEUR PEUT EN CACHER UNE AUTRE

La peur est une émotion généralement considérée comme déplaisante. Elle est causée par la conviction, à tort ou à raison, que quelque chose ou quelqu'un est dangereux et susceptible de nous faire du mal, de nous menacer ou de nous causer du tort. Cependant, les choses ne sont pas toujours ce qu'elles semblent être. Il arrive fréquemment qu'une peur ne soit qu'une peur de surface, et dissimule une autre peur plus grande et plus profonde. Une phobie, bien que très réelle, peut n'être qu'une peur de façade, et révéler d'autres peurs qu'on ne serait pas forcément prêt à reconnaître et à aborder. C'est pourquoi il est très utile d'investiguer, de remonter ou de redescendre la piste de nos peurs, de soulever les couches et de comprendre où nos peurs prennent racine. Nos peurs profondes attendent d'être découvertes, identifiées, apprivoisées et acceptées. Nos peurs irrationnelles attendent d'être résolues. Par exemple, la peur de la saleté et des microbes peut dissimuler et révéler une peur de la pauvreté et du déclassement social. En effet, quand on a rencontré des difficultés financières et sociales dans sa vie et qu'on en est sorti, cela reste un trauma qui peut entraîner des peurs.

QUAND LA PEUR NOUS AIDE À SURVIVRE

Nous avons vu que la peur a permis et permet encore à toutes les espèces vivantes, dont la notre, de nous avertir des dangers et des menaces potentielles, d'aiguiser nos sens, de nous procurer les ressources nécessaires à la fuite, de s'immobiliser afin de ne pas faire de bruit et de réfléchir à la meilleure option, de faire face et de combattre physiquement ou psychologiquement, de survivre, de prolonger notre espérance de vie et celle de nos enfants... La peur, c'est pénible, mais c'est indispensable. Si nous n'avions jamais peur de rien, nous nous mettrions régulièrement en danger et nous prendrions des risques inconsidérés, au péril de notre vie, de la vie de nos enfants et de la vie des autres.

Les amateurs de sensations fortes recherchent précisément à vivre des aventures « in real life » et des expériences extrêmes qui vont leur procurer cette impression de risquer leur vie. La théorie de la personnalité de Marvin Zuckerman montre que les amateurs de sensations fortes seraient particulièrement sensibles à l'ennui et auraient besoin d'être stimulés. Ils seraient désinhibés, impulsifs et n'auraient pas les mêmes freins que d'autres personnes. Ils auraient un grand besoin d'être exposés à la nouveauté et de se lancer dans des activités physiques. Les amateurs de sensations fortes présenteraient des niveaux d'adrénaline et de cortisol plus bas que les personnes qui recherchent la sécurité, ce qui explique qu'ils tolèrent mieux le stress, et un niveau de dopamine et de testostérone plus élevés, ce qui explique peut-être qu'ils recherchent à renouveler leurs expériences extrêmes. Ces personnes auraient également tendance à rechercher des sensations fortes dans leur métier et se tourneraient volontiers vers des métiers comportant beaucoup de stress, comme l'armée, la médecine d'urgence, la police ou la finance de marché.

MON AVIS DE PSYCHOLOGUE

Si votre vie et votre intégrité physique et psychologique sont en jeu, je vous conseille de fuir le plus vite et le plus loin possible, ou de vous cacher et de ne pas bouger. Autrement, je vous invite à discuter aimablement avec votre peur, car elle a probablement un message à vous transmettre. Il serait certainement très intéressant pour vous d'essayer de comprendre ce qui se joue réellement. La situation est peut-être différente de ce que vous imaginez. Votre phobie est peut-être une phobie unique. Mais elle peut être aussi le couvercle d'une marmite d'anxiété, dont les causes, les tenants et aboutissants n'ont pas de liens directs avec l'objet de votre phobie. Une peur ou une phobie peut n'avoir en réalité aucun rapport direct avec l'objet de cette phobie ou de cette peur. Celles-ci peuvent apparaître du jour au lendemain, pour une tout autre raison. Par exemple, parce qu'on ne supporte plus son emploi et qu'on est en conflit ouvert avec ses parents. Cette situation est très éprouvante. Ne trouvant pas forcément de solution dans l'immédiat, il peut sembler « plus simple » à notre esprit de déplacer l'objet de son anxiété sur une phobie spécifique. Il s'agit d'un déplacement, un mécanisme de défense psychique. Chercher un autre travail et démissionner, crever l'abcès et s'expliquer avec ses parents, cela peut être très impactant et cela prend du temps. Ainsi, on peut avoir tendance à mettre ses vrais problèmes sous le tapis, et à se focaliser sur un problème concret comme une phobie spécifique ou une peur bien identifiée. Il est essentiel de ne pas traiter qu'un symptôme de surface car nous savons bien que les symptômes peuvent se déplacer. Il vaut mieux soulever les couches et traiter les dossiers les uns après les autres. D'un autre côté, une peur peut aussi indiquer qu'on est en présence d'une véritable envie, mais que celle-ci est entravée par des blocages, des inhibitions et des pensées limitantes. Qu'en pensez-vous ?

CHAPITRE II

L'univers des peurs : les peurs directes et les peurs fondamentales

L'univers des peurs est vaste ! Il en existe de nombreuses que l'on pourrait catégoriser ainsi : les peurs directes et les peurs fondamentales. Les peurs directes sont des peurs facilement reconnaissables, identifiables et palpables car elles ont un objet précis. Et surtout, elles appellent à une action quasi immédiate, ou à l'évitement.

Les peurs fondamentales sont diffuses, plus difficilement appréhendables et n'appellent pas forcément à l'action. Ce sont souvent des peurs existentielles et perturbantes, communes à toutes les cultures et qui peuvent aussi se manifester sous forme d'anxiété.

LES PEURS DIRECTES

Certaines peurs sont facilement identifiables et ont un objet précis. Elles appellent à une action, ou à l'évitement. Généralement, nous avons peur de ce qui menace notre intégrité physique ou psychologique : peur d'avoir un accident de voiture, de se faire agresser, des accidents domestiques, de se faire licencier, de perdre son portefeuille, de souffrir, d'être cambriolé, d'abîmer sa voiture, d'être en retard, d'échouer à un examen, de montrer ses fragilités, d'être soi-même, d'être vulnérable, de dépendre de quelqu'un, d'être quitté, de tomber malade, de perdre sa mobilité, de subir une catastrophe naturelle, des conséquences du réchauffement climatique, de se retrouver seul, de se faire agresser sur les réseaux sociaux... Les peurs directes peuvent également se manifester sous forme de phobies : la peur des araignées, des souris, de l'orage...

Ces peurs comportent un appel à l'action, ou à l'évitement. Quand nous choisissons l'évitement, nous cherchons à éviter que l'objet de nos peurs prenne forme et se réalise, alors nous faisons en sorte de contrôler certains paramètres. C'est un choix respectable et plein de bon sens. Par exemple, pourquoi aller se promener à pied sur l'autoroute, alors que nous savons que nous risquons de nous faire écraser et de provoquer un carambolage ?

Cependant, dans d'autres situations, l'évitement systématique nous bloque ! Cela nous empêche de réaliser nos rêves et de vivre notre vie comme nous l'entendons. Parfois, cela ne fait que renforcer nos croyances et diffuser nos peurs. N'oublions pas que le désir de tout contrôler partout et tout le temps est illusoire. Le contrôle n'est souvent qu'une « illusion de contrôle ». Certains événements comportent leur part d'inéluctabilité et de naturel, et sont difficilement prédictibles.

La peur de conduire : l'amaxophobie

L'amaxophobie se manifeste par de l'anxiété d'anticipation à l'idée de devoir prendre le volant, et par de l'anxiété de confrontation quand on est au volant. À ce moment-là, on ressent des pics de stress qui créent un sentiment de malaise et nous empêchent de nous concentrer pleinement sur nos gestes, la route et les autres automobilistes. On est envahi de pensées négatives et catastrophistes concernant l'incapacité à conduire, les dangers de la route, les accidents, la mort... Des bouffées d'angoisse et des symptômes physiques se déclenchent (transpiration, tremblements, impression de se liquéfier, difficulté à respirer, sang qui se glace, vue qui se brouille...). Ensuite, une sensation d'affolement général et une attaque de panique peuvent survenir. Tout cela entraîne une anxiété d'anticipation : on s'inquiète à l'idée de devoir prendre le volant, on a peur de perdre ses moyens, des accidents, de mourir, et on ne prend plus sa voiture... C'est l'escalade !

La peur de conduire peut être liée à une expérience traumatisante concernant la voiture, à un fort sens des responsabilités lié à la dangerosité du véhicule, à la sécurité routière, ou à la peur de la mort. Elle peut être liée aussi à une période sans conduire durant laquelle on a perdu l'habitude de conduire, à la claustrophobie, au mal des transports, à un manque de confiance en soi, à une estime de soi fragile, à l'âge et au temps qui passe, au fait de devenir parents... Quand on est parent, on a peur pour ses enfants et pour soi-même. Cela décuple le poids de la responsabilité. La peur de conduire en voiture peut n'avoir aussi aucun rapport direct avec le véhicule et la capacité de conduire une voiture. Cette peur est peut-être le symptôme d'une anxiété causée par une grosse période de stress, une privation de sommeil considérable, un événement familial difficile, des problèmes professionnels importants, etc.

Faut-il accueillir son émotion, lutter contre ou essayer de la comprendre ? Il me semble important de chercher la véritable cause de cette peur. En psychothérapie, on peut repérer ses pensées limitantes et dysfonctionnelles, ainsi que ses filtres de distorsion cognitive, on peut trouver des réponses plus adaptées, travailler la relaxation et la respiration, etc. On peut également s'entraîner à reprendre la conduite dans un lieu calme et sans risque, ou réaliser un stage de remise à niveau de la conduite avec un moniteur d'auto-école, habitué à rassurer les conducteurs débutants.

TÉMOIGNAGE

INÈS ET LA PEUR DE CONDUIRE

« Le lundi 15 avril 2019, je me suis confrontée, malgré moi, à l'une de mes plus grandes peurs : la peur de conduire. Ma fille venait d'avoir 2 mois, et elle avait passé une nuit agitée. Le lendemain matin, seule avec un bébé fiévreux, je me demandais que faire. J'entendais encore les recommandations de l'équipe soignante, le jour où je rentrais de la maternité : "La fièvre chez le nourrisson ne doit pas être prise à la légère." À cette époque, j'avais le permis de conduire, mais je n'empruntais que des itinéraires connus et sans grande circulation. Entre inquiétude et peur, je me résolus à prendre le volant et à conduire mon bébé aux urgences. Le long du trajet, des pensées négatives m'envahissaient : "Et si tu avais un accident ?", "Tu n'y arriveras pas", etc. Les pleurs incessants de ma fille et son petit visage tout rouge m'ont donné le courage de continuer. Je me répétais sans cesse : "Inès, tu ne sauras si tu en es capable ou non qu'après avoir essayé. L'accident de voiture qui t'a marquée toute ton enfance est derrière toi. Avance…" Durant tout le trajet, j'ai pratiqué des exercices de respiration, de représentation mentale des différentes étapes et je me suis concentrée sur la priorité : le bien-être de ma fille. Le trajet s'est déroulé sans encombre et ma fille a pu être prise en charge à l'hôpital. Depuis cette expérience, je conduis davantage et j'ai donc acquis de la confiance. Aujourd'hui, vous pouvez me donner un rendez-vous où vous voulez et je viendrai en voiture. »

Inès Teixeira, psychologue et psychothérapeute
@tapsypositive

La peur d'aller dormir : la nyctophobie

La nyctophobie signifie « la peur du noir », et, plus largement, la peur d'aller se coucher. Cela signifie qu'au lieu d'aller se coucher à une heure raisonnable, on traîne devant la télé ou son téléphone et on repousse l'heure d'aller dormir. La nyctophobie peut être liée à la difficulté à lâcher prise et à s'endormir ; à la peur du noir en lien avec des angoisses d'enfants ou avec une mauvaise expérience ; au fait d'être un grand insomniaque et de savoir qu'on ne va pas dormir ; une appréhension à l'idée d'être seul face à soi-même et à ses angoisses, car la nuit nous rend vulnérable ; à l'envie de retrouver le contrôle de son agenda et de grappiller du temps libre et au calme, quand les enfants sont couchés ; à l'addiction aux réseaux sociaux ; à l'appréhension du lendemain, surtout si on traverse une période de turbulences au travail ou dans sa vie personnelle ; à un goût pour le monde de la nuit ou encore à l'anxiété nocturne...

Le risque est de se retrouver en décalage avec le reste du monde et d'accumuler une dette de sommeil. Selon les raisons qui expliquent cette réticence à aller se coucher, différentes pistes peuvent être envisagées, comme verbaliser ses angoisses et en discuter en thérapie, prendre de la mélatonine, de la passiflore, de l'aubépine, de la valériane ou du CBD, écouter de l'ASMR (« *Autonomous sensory meridian response* »), si on aime, ou des programmes relaxants, tenir un journal et lui confier ses soucis de la journée, car ce qui est à l'extérieur est moins à l'intérieur, instaurer un rituel du coucher, faire des exercices de visualisation, transformer sa chambre un lieu agréable où tout n'est que luxe, calme et volupté, coucher ses enfants une demi-heure plus tôt afin de profiter un peu de sa soirée, et surtout, éteindre son téléphone de bonne heure et le laisser dans le salon...

L'anxiété nocturne

D'où vient l'anxiété nocturne ? La nuit, les activités de la journée ne font plus diversion, les autres dorment et tout est silencieux. Nous sommes seuls, face à nous-même et à nos problèmes. C'est précisément le moment où le contenu de notre charge mentale a le loisir d'apparaître dans notre esprit et où les soucis peuvent prendre des proportions plus importantes. Mais, comme c'est la nuit, on ne peut pas agir, alors il est difficile d'éteindre la lumière dans sa tête. On peut être à nouveau l'enfant qui avait peur d'être seul et de lâcher prise pour dormir. On peut se sentir vulnérable et sans défense. L'anxiété nocturne peut surgir à cause de problèmes non résolus, ou de problèmes qu'on pensait oubliés, de problèmes relationnels ou financiers, durant une grande période de stress et de pression... L'anxiété nocturne peut se manifester en prévision d'un événement du lendemain ou parce qu'on ne dort pas chez nous... On peut aussi avoir beaucoup trop de choses en tête, ou bien être un peu surexcité et être en proie à la fièvre créatrice... C'est simple, ce qui n'est pas évacué pendant la journée ressurgit au moment du coucher ou au milieu de la nuit.

L'anxiété nocturne provoque des symptômes variables selon les gens : de l'insomnie, des pensées intrusives, des ruminations, une sensation d'oppression, des tensions musculaires, des douleurs diverses, de l'hypervigilance (par exemple, on focalise sur les bruits de la maison, on a l'impression que quelqu'un s'est introduit chez nous et nous veut du mal), l'apparition ou le retour de certaines phobies... Parfois, elle débouche sur une crise d'angoisse au moment de s'endormir. Elle provoque un mauvais sommeil, des réveils en sursaut, des mauvais rêves, de la fatigue en journée et de l'anxiété d'anticipation à l'idée d'aller se coucher. C'est hélas un cercle vicieux !

La peur de l'intimité

La peur de l'intimité avec « l'autre » peut surgir quand celui-ci est considéré comme trop envahissant, trop perspicace, et risque de percer à jour notre véritable personnalité. Elle peut apparaître après une période de célibat, quand on ne souhaite pas se dévoiler et encore moins se mettre à nu. Quand on n'apprécie pas spécialement la proximité. Quand on ne veut pas montrer sa vulnérabilité et ses faiblesses. Quand on ne veut pas avoir besoin de l'autre et devenir vulnérable. Quand on ne désire pas dévoiler sa vraie nature. Quand on a une estime de soi fragile. Quand l'autre est perçu comme étant dangereux. Quand on n'a pas du tout envie d'être en couple. Quand on est marqué par une précédente relation. Quand on tient plus que tout à son indépendance et à sa liberté. Quand on a perdu l'habitude de la proximité physique ou émotionnelle. Je pense que la peur de l'intimité peut être discutée en thérapie. Elle peut aussi être apprivoisée au fil du temps, grâce à une bonne rencontre…

TÉMOIGNAGE

Cynthia et la peur de la rencontre

« Je crois que la peur qui m'a toujours suivie comme une ombre est celle de la confrontation à l'autre. Pas du conflit, non, c'est autre chose. Une terreur qui saisit au moment de la rencontre. L'irrépressible envie de me blottir au chaud dans ma solitude, à l'abri de la rassurante tiédeur de mon monde intérieur. Cette peur de l'autre a atteint son paroxysme dans la rencontre sentimentale. Après l'épilogue d'une dizaine d'années avec mon premier amour, j'étais paralysée. Face à ceux qui me gratifiaient d'une marque d'attention, je me fermais comme une huître. Je luttais, pour finir par me heurter à moi-même en me maudissant. Et puis il y a eu un 6 janvier. La nuit et le froid enveloppaient Paris, et j'avais accepté ce rendez-vous avec cet homme croisé quelques mois auparavant. Il était plus âgé, plus cultivé, plus séduisant… La peur m'a assaillie. La résistance était physique. Je me souviens de quelque chose de très violent. Mes genoux s'entrechoquaient dans le métro. J'étais persuadée que j'allais faire un malaise, qu'il fallait que je rentre chez moi. Devant le bar où nous avions rendez-vous, j'ai fait demi-tour trois fois pour aller me cacher dans une rue adjacente. Je l'ai aperçu à travers la vitre de ce bar, on aurait dit Corto Maltese et je l'ai trouvé beau. J'ai rassemblé mes forces. Une quatrième tentative. Cette fois, je pousse la porte. Il me regarde, et se lève pour m'accueillir. Je sens la peur se faire moins bruyante, pour aller se tapir, en ronchonnant de sa défaite, dans un coin. Le début d'une autre ère. "Tes mains tremblaient comme des feuilles", a-t-il dit avec tendresse, des années plus tard… Oui, mes mains tremblaient. Mais d'amour, plus de peur. »

Cynthia Daumié, psychologue et psychanalyste
@inbedwithfreud

La peur du jugement des autres

La peur d'être jugée négativement a plusieurs sources. Elle peut trouver son origine dans un mode d'éducation, quand on a été beaucoup critiqué et comparé par ses parents, cela laisse des traces. Certaines personnes ont été élevées dans la peur du jugement des autres et entendaient fréquemment: « Que vont penser les gens ? » Cette peur peut aussi provenir d'une expérience de rejet social. Quand on a été harcelé à l'école ou moqué à cause d'une différence quelconque, la peur d'être jugé négativement peut demeurer très vivace à l'âge adulte et trouver un écho dans d'autres situations. Elle peut également être causée par des complexes physiques, sociaux ou intellectuels. Elle peut être tout à la fois la cause et la conséquence d'une grande timidité. Elle peut être liée à la peur de ne pas être accepté, de ne pas être aimé et d'être abandonné. C'est une peur terrassante, qui peut se manifester sous la forme d'une anxiété chronique, de bouffées d'angoisse ou de comportements visant à se faire accepter (comme le « *people-pleasing* »). Cette peur d'être jugé négativement peut vraiment empêcher une personne de s'accomplir pleinement et de réaliser ses rêves. Quel dommage ! C'est la base de l'anxiété sociale et de la phobie sociale.

TÉMOIGNAGE

JULIE ET LA PEUR DE POSER DES QUESTIONS

« De l'enfance au début de l'âge adulte, j'ai toujours eu peur de demander quelque chose et je restais souvent silencieuse. Formuler une demande me paraissait très difficile. Avec le recul et grâce à ma formation, je parviens à présent à voir ce qui me bloquait et me bloque encore dans certains contextes. Quelquefois, je me disais que poser des questions, cela "ne se faisait pas car je n'étais pas légitime", que ma question serait ridicule, et qu'on allait me juger. Parfois, j'avais peur de déranger. Alors je me taisais, le plus souvent dans le milieu scolaire et professionnel. À l'école, quand je ne comprenais pas ce que

> les enseignants transmettaient, je n'osais pas demander de répéter ou d'expliquer davantage. Cela m'a valu des difficultés d'apprentissage au début de ma scolarité et jusqu'au lycée, surtout en mathématiques, car j'étais seule avec mes questions que je n'arrivais pas à formuler. Je me disais que, si je posais des questions, les autres élèves allaient se moquer de moi car "j'étais bête de ne pas comprendre". Au début de mon cursus universitaire, si j'avais une mauvaise note, je n'arrivais pas à demander "pourquoi" et je restais seule avec mes ruminations, sans comprendre ce que j'avais pu manquer.
>
> Dans le cadre de mes cours, j'ai commencé à lire sur l'affirmation de soi et à voir d'autres personnes le faire, alors je me suis dit : "Pourquoi ne pas essayer ? Après tout, rien de mal n'arrive à ces personnes..." J'ai commencé à m'exposer petit à petit dans des contextes plutôt rassurants, puis à poser des questions à l'université, puis, plus tard, à mon travail. Le feed-back est arrivé assez rapidement ! Je me suis rendu compte que personne ne se moquait de moi, que je ne dérangeais personne avec mes questions et, surtout, que mes questions pouvaient être intéressantes ! Depuis, je continue ce travail en psychothérapie, car certains contextes restent difficiles à aborder. Cependant, je n'ai plus aussi peur qu'avant. Et surtout, j'arrive à me focaliser sur ce qui est positif dans le fait de demander. Moi qui adore apprendre de nouvelles choses, demander m'offre la possibilité d'apprendre encore plus. »
>
> **Julie, psychologue**
> **@psycho_and_co**

La peur d'être seul

La peur d'être seul peut être liée à la solitude subie, à un sentiment d'abandon, à l'incapacité à s'assumer et à être émotionnellement indépendant, ou encore au besoin irrépressible d'avoir du monde autour de soi, de faire des rencontres et d'avoir un ou une partenaire à tout prix.

Jusque-là il n'y a rien d'extraordinaire... L'être humain est un animal social. La plupart d'entre nous éprouvons le besoin d'être entourés, au moins de temps en temps. Ce besoin nous renvoie probablement à l'époque où les humains vivaient en tribu, ce qui leur permettait de s'organiser pour survivre et de faire face aux prédateurs et aux ennemis. Cependant, la peur d'être seul peut pousser à développer une certaine dépendance affective envers les autres. Elle peut également provoquer un sentiment profond de solitude, de la dépendance émotionnelle, et parfois une tendance à la dépression. Cette peur peut nous amener à faire des mauvais choix, basés uniquement sur ce besoin de ne pas être seul.

La peur d'avoir des défauts physiques : la dysmorphie corporelle

Un trouble de la perception de soi

La dysmorphie corporelle (BDD, « *Body dysmorphic disorder* » en anglais), appelée autrefois « dysmorphophobie », est la peur panique d'avoir des défauts physiques. C'est un trouble de l'image corporelle et de la perception de soi qui amène une personne à se préoccuper en permanence de ce qu'elle considère être un « défaut » dans son apparence physique, jusqu'à l'obsession. C'est plus qu'un complexe, cela cause une vraie souffrance et c'est là où réside le trouble. Le plus souvent, ce « défaut » n'est pas remarqué par les autres. C'est comme si cette personne portait des lunettes déformantes : elle ne se voit pas comme elle est, et surtout, elle ne se voit pas dans son ensemble et focalise sur un morceau de son apparence.

La dysmorphie corporelle peut prendre sa source dans un trauma, un choc émotionnel, une maladie dermatologique, une expérience de rejet social, des troubles du comportement alimentaire, une rupture, un abandon, des réflexions désobligeantes répétées, ou encore dans l'influence sociale. Une personne en proie à la dysmorphie corporelle a tendance, bien malgré elle, à se comparer aux autres et à se montrer sévère et très exigeante envers elle-même, en vertu de normes et de critères de beauté arbitraires et inatteignables. Il faut bien reconnaître que, sur les réseaux sociaux, on prône tout et son contraire ! On peut même parler d'injonctions paradoxales. C'est perturbant. Par exemple, il règne tout à la fois un culte de l'artifice et un culte du « naturel à tout prix ».

La pression des médias et des réseaux sociaux sur les critères de beauté

Les standards de beauté actuels sont basés presque exclusivement sur les standards occidentaux. Beaucoup de femmes de la planète veulent se rapprocher de ces standards, même si, pour cela, il faut se faire opérer les yeux, blanchir la peau, lisser les cheveux à l'aide de produits chimiques, gonfler la bouche, coller des faux ongles, épiler l'intégralité des sourcils pour les redessiner, se faire coller des immenses faux cils, placer des prothèses de fesses, enlever des côtes pour avoir la taille fine, affiner le nez, etc. D'un autre côté, certaines personnes prétendent que, pour montrer à tout le monde qu'on s'accepte, il faut se dévoiler sans maquillage, sans filtre, voire sans vêtements sur les réseaux sociaux, et bannir toute intervention dermatologique ou chirurgicale, sans comprendre que, pour de nombreuses personnes, l'acceptation de soi est un cheminement qui peut prendre plusieurs années et ne peut se faire de manière aussi brutale. Pour les personnes qui ont des complexes sincères ou qui souffrent de dysmorphie corporelle, s'exposer peut être particulièrement violent. Surtout si les complexes et le trouble de l'image corporelle trouvent leur source dans un trauma, une expérience de rejet social, de mauvaises relations avec ses parents, une prise ou une perte de poids, un accident, ou une maladie dermatologique. Par exemple, les études montrent que l'acné sévère ou modérée peut être source de dysmorphie corporelle, d'isolement social, de dépression, d'anxiété sociale, d'anxiété chronique ou de dermatillomanie. Finalement, le culte du naturel à tout prix n'est qu'une injonction et une pression de plus. Sortir de la dysmorphie corporelle demande du temps et de la compassion envers soi-même. Cela demande aussi d'accepter ses particularités et de trouver son propre style. Le « body positive » apporte de bonnes idées motivantes, c'est indéniable, mais ce mouvement a aussi ses limites.

Les réseaux sociaux, les magazines féminins, l'industrie des régimes, de la beauté et du coaching participent donc largement à la haine corporelle, à la haine de soi, au culte de la minceur et à la diffusion de critères de beauté arbitraires. Pourquoi tant de haine ? Parce que la haine corporelle fait vendre des produits et des prestations, et ce, depuis longtemps !

Parfois, mais pas systématiquement, la dysmorphie corporelle va de pair avec des troubles du comportement alimentaire (anorexie, boulimie, orthorexie, *binge eating*...). C'est un système qui s'autoentretient et provoque des complexes importants, des angoisses, de l'anxiété sociale, des angoisses autour de la nourriture, de la souffrance morale et de la détresse émotionnelle... La dysmorphie corporelle peut pousser une personne à faire du sport de manière intensive jusqu'à s'épuiser et se blesser ; à s'affamer, à jeûner trop régulièrement jusqu'à se rendre malade... Les personnes sujettes à la dysmorphie corporelle nourrissent une obsession pour leur image, et ne sont jamais satisfaites de leur apparence, ce qui les amène à s'observer des pieds à la tête dans un petit miroir, à se peser plusieurs fois par jour, ou, au contraire, à éviter les miroirs. Dans tous les cas, elles ne voient pas un ensemble harmonieux et sont rarement contentes, car elles voient des morceaux de défauts. Elles ont des critères de beauté très stricts et des standards très élevés, voire irréalistes, et nourrissent un désir de perfection.

Quelques pistes de réflexion

Les thérapies comportementales et cognitives (TCC) et les thérapies d'acceptation et d'engagement (ACT) peuvent aider une personne à sortir de la dysmorphie corporelle. D'autres pratiques sont également bénéfiques, comme la thérapie par la photo, le sport pratiqué de manière raisonnable, certains cours de danse inclusifs, et les pratiques douces de « *self-love* » et d'acceptation de soi-même.

Les vêtements, les soins pour le corps et le maquillage permettent aussi de se mettre en scène, de changer l'image que l'on donne et que l'on a de soi-même, d'exprimer sa personnalité et d'apprendre à s'apprécier. Le tatouage peut également modifier l'image que l'on a de soi : on orne son corps et on se le réapproprie.

Même si le chemin est long et difficile, on peut guérir et apprendre à s'accepter dans son ensemble. Mais il faut faire cela en douceur ! Je ne crois pas à la brutalité dans ce domaine. Pour avoir une bonne estime de soi, il vaut mieux chercher l'équilibre plutôt que la perfection qui n'existe pas, et il vaut mieux ne pas miser que sur son apparence. Je pense qu'il est essentiel de soigner également son estime de soi de l'intérieur. Il faut identifier ses qualités humaines, ses compétences et ses valeurs, afin de développer une estime de soi stable et solide. Enfin, il ne faut pas hésiter à prendre du recul et à avoir une vision globale de soi-même. Par exemple, je conseille souvent aux femmes de prendre littéralement du recul quand elles se regardent dans le miroir : on sort de la cabine d'essayage et on recule de 2 mètres afin de se regarder dans son ensemble. D'une part, c'est plus flatteur que d'être à 10 cm du miroir dans une minuscule cabine d'essayage. D'autre part, cela correspond davantage à la réalité, car les gens nous regardent rarement dans le détail et en très gros plan. Même s'ils remarquent un détail qui leur plaît en particulier (un chemisier, un sac à main, des ongles soignés, un bijou, une coiffure...), globalement, ils voient un ensemble et une silhouette harmonieuse. Je pense qu'il est essentiel de garder en tête que nous ne sommes pas des morceaux de corps désincarnés, mais que nous formons un tout harmonieux. Nous ne sommes pas qu'une enveloppe corporelle, nous avons une âme, une personnalité et une énergie. Nous sommes toutes belles, tous beaux, intéressants et uniques !

La scopophobie

La scopophobie est la peur d'être regardé, dévisagé, observé ou scruté. C'est un trouble de la perception du regard des autres. Certes, n'importe qui peut trouver inconfortable d'être le centre de l'attention dans un situation de performance ou de prononcer un discours devant d'autres gens, mais chez une personne sujette à la scopophobie, cette peur d'être observée est très intense et provoque une forte anxiété. C'est simple, elle ne supporte pas le fait d'être observée, ou l'idée d'être observée.

Cette phobie peut être liée à la dysmorphie corporelle, au trouble de l'anxiété sociale, à la phobie sociale, au trouble du spectre de l'autisme, à la peur du vieillissement, à un accident qui a modifié l'apparence physique, ou à un problème dermatologique qui entraîne des complexes physiques et une estime de soi fragile. Selon les personnes, les symptômes prennent la forme d'une forte inquiétude liée à l'apparence physique, de ruminations autour de l'apparence physique et de ce que les autres pourraient penser, d'une tendance à rougir et à avoir les mains qui tremblent, du rythme cardiaque qui s'accélère, d'un accès de transpiration, de la bouche qui s'assèche, des pensées qui court-circuitent, d'une agitation, d'une crise d'angoisse, d'une attaque de panique... La scopophobie entraîne des comportements d'évitement : les personnes font en sorte d'éviter les situations dans lesquelles elles pourraient être regardées. Hélas, cela limite les interactions dans la vie quotidienne et les situations de performance. Par exemple, participer à une réunion, aller à l'école ou passer un oral d'examen peut sembler difficile, voire impossible.

Les recherches ont montré que le trouble de l'anxiété sociale est lié à un trouble de la perception du regard des autres : une personne sujette à l'anxiété sociale ou à la phobie sociale est hypersensible au regard d'autrui. Elle perçoit le regard des autres comme étant menaçant, même si ceux-ci regardent dans une autre direction. Si des gens regardent dans sa direction, elle se sent évaluée et jugée négativement. Elle a l'impression d'être au centre de l'attention, même s'il y a du monde. Elle est en hypervigilance par rapport à l'expression faciale des autres et cherche à détecter leurs micro-expressions, leurs arrière-pensées et leurs intentions cachées, même si celles-ci sont inexistantes. C'est très difficile à supporter pour elle. En thérapie, on peut travailler sur tout cela et sur le reste.

La peur de prendre du poids

C'est une peur très présente chez les personnes qui souffrent ou ont souffert d'un trouble du comportement alimentaire, de dysmorphie corporelle, d'anxiété sociale ou de scopophobie, ainsi que chez un grand nombre de personnes dans la population générale. Nous vivons dans une société qui valorise encore énormément la minceur, voire la maigreur, signe de contrôle de soi et associée à une bonne santé et à un bon milieu social. Comme dit plus haut, les médias et les réseaux sociaux nous vendent des corps parfaits et, surtout, minces, avec quelques rondeurs contrôlées, à des endroits précis. Ils nous vendent des complexes et les régimes les plus farfelus, du régime préhistorique au jeûne prolongé. Or une personne complexée est une bonne consommatrice ! Qui n'a jamais essayé les gélules miracles, les purges détox et les potions au goût infect, les régimes « sans », la nouvelle méthode pour perdre 5 kg en une semaine, le régime « Comme j'aime pas », ou la nouvelle coach minceur qui promet de changer notre vie ? Même si, depuis quelques années, le mouvement « body positive » propose une alternative et nous fait nous sentir plus légitimes quand on dépasse la taille 38, le business des régimes et des coachs minceur reste florissant, transformant cette pression à la minceur en injonction. La peur de prendre du poids nous pousse à la restriction alimentaire, avec la diminution des aliments en qualité et en quantité, au tri des aliments, et à la restriction mentale, avec l'instauration de règles alimentaires arbitraire et très strictes. C'est une autoroute vers les troubles du comportement alimentaire et les trouble de l'image de soi.

Hélas, la peur de prendre du poids et l'envie de contrôler son corps surpassent souvent l'envie de se faire plaisir en mangeant de la bonne nourriture en quantité raisonnable. L'alimentation intuitive propose une alternative à l'industrie des régimes et du coaching. Le postulat de l'alimentation intuitive est que nous pouvons réguler notre alimentation naturellement, en écoutant nos signaux corporels et nos envies et en acceptant notre poids de forme, qui n'est pas forcément le même que celui de la voisine.

Cependant, le « body positive » à tout prix peut aussi constituer une injonction et une pression à s'accepter comme on est, même si on désire vraiment perdre du poids, ne serait-ce que pour sa santé. Rien n'est simple dans ce domaine !

L'éco-anxiété, une peur collective qui prend de l'ampleur

Même les climatosceptiques purs et durs ne peuvent plus ignorer la répétition des épisodes de sécheresse et de canicule, qui entraînent la fonte des glaciers, des tornades, des inondations, des incendies et des morts chaque année. La peur des catastrophes naturelles et du réchauffement climatique est tout à fait fondée et légitime. Elle peut déboucher sur de l'éco-anxiété, une anxiété spécifique causée par l'inéluctabilité du réchauffement climatique et par le sentiment d'impuissance devant l'inertie des gouvernements et des autres. La peur du réchauffement climatique suscite aussi des « éco-émotions ». Je sais que ce vocabulaire peut sembler un peu surfait et un peu trop « à la mode ». Mais, derrière ces nouveaux mots, il existe une réalité. La mise à jour du rapport du GIEC (Groupe d'experts intergouvernemental sur l'évolution du climat) est accablante et nous ne pouvons plus l'ignorer. Ce rapport démontre que la température augmenterait de 1,5 °C à partir de 2030, soit dix ans plus tôt que prévu. Le scénario le plus pessimiste du GIEC prévoit une augmentation de la température de 3,3 °C à 5,7 °C. Partout dans le monde, le climat se modifie et les catastrophes naturelles se multiplient. Quand on est sujet à l'éco-anxiété, on sait qu'on se précipite vers un drame mondial, et on se sent désespéré, angoissé, paniqué ou paralysé.

La « solastalgie » est la détresse que l'on peut ressentir face à un paysage qui ne sera plus jamais comme avant, car il a été abimé par la main de l'homme. Ce qui était ne sera plus. Je viens de la Somme, dans le nord de la France. J'ai grandi dans un charmant petit village au milieu des champs, des vaches et des poules. Je n'aurais pas pu rêver de paysage plus bucolique. Aujourd'hui, je ressens de la solastalgie quand je regarde le jardin de mon enfance chez mon papa, au milieu des éoliennes... Celles-ci ont envahi mon département d'origine. Au départ, elles se veulent une « bonne idée verte », qui permet de s'éloigner des énergies fossiles. Les éoliennes rapportent également de l'argent aux agriculteurs qui louent leurs champs, ainsi qu'aux communes. Mais elles sont en trop grand nombre par rapport à la superficie des terrains, et placées trop près des habitations. Je vous assure que l'effet est saisissant, effrayant et angoissant ! Seules les personnes qui n'ont pas d'éoliennes au fond de leur jardin les trouvent formidables. Les éoliennes en grand nombre provoquent des nuisances et entraînent de la détresse émotionnelle chez les personnes qui les subissent. Elles dénaturent les paysages et créent de la pollution à long terme. Qu'adviendra-t-il de ces énormes blocs de béton dans quelques années ? Est-ce que quelqu'un se donnera la peine de les déconstruire avant qu'ils ne forment un cimetière d'éoliennes dans un paysage désolé ?

Il me semble essentiel de transformer nos éco-émotions en énergie, afin d'agir contre la pollution et le réchauffement climatique. J'ai coutume de parler du « développement durable des émotions ». Nous avons vu que les peurs directes nous poussent à l'action ou à l'évitement. Or, dans le domaine du réchauffement climatique, de nombreuses actions et de nombreux évitements sont simples à mettre en œuvre au quotidien. Cela donne le sentiment, à son échelle individuelle, de faire partie de la solution au lieu de faire partie du problème.

Voici quelques pistes d'évitements faciles : éviter de jeter ses mégots par terre, de prendre l'avion tous les deux mois, de consommer de la viande rouge tous les jours, de créer et de regarder des vidéos tous les jours sur Internet et sur les réseaux sociaux car la pollution numérique est aussi réelle et impactante que la pollution aérienne, d'imprimer ses e-mails, d'allumer des bougies parfumées, d'utiliser sa voiture trop souvent pour de petits trajets, de laisser couler l'eau, de faire venir des objets inutiles du bout du monde, de prendre des douches trop longues, d'acheter de la *fast fashion*, de gaspiller de la nourriture...

Certaines actions individuelles sont simples à réaliser : supprimer ses e-mails car ils consomment énormément d'énergie, trier ses déchets, privilégier le covoiturage, le vélo et la marche à pied, baisser son chauffage, acheter plus de vêtements de seconde main et vintage que de vêtements neufs, devenir flexitarien, privilégier les achats durables par rapports aux vêtements de mauvaise qualité qui finiront dans des décharges géantes ou dans les océans, isoler sa maison correctement, réparer ses objets, utiliser des matériaux recyclés ou recyclables, créer son potager si on a la chance d'avoir un jardin, acheter des fruits et légumes cultivés localement... Tout cela contribue à lutter contre le réchauffement climatique au niveau individuel et permet de stabiliser son éco-anxiété. L'étape suivante pourrait être la pédagogie envers ses proches, et celle d'après, le militantisme actif.

LES PEURS FONDAMENTALES

Les peurs fondamentales sont de grandes peurs diffuses et plus difficiles d'accès. Elles nous ramènent souvent à nos peurs d'enfants et à nos premières figures d'attachement : la peur de l'abandon, de ne plus être aimé, de ne plus être heureux, de l'amour, du vide existentiel, de perdre un être cher, de l'autre, de l'inconnu, de l'imprédictibilité, du bonheur, de se ridiculiser, de la mort, etc. Ces peurs n'appellent pas forcément à l'action, d'autant qu'elles n'ont pas toujours un objet bien identifié. Elles auraient même tendance à nous paralyser ! Elles interviennent plutôt en arrière-plan. Elles peuvent provoquer des schémas de pensée et de comportement qui se répètent. Ce sont souvent des peurs existentielles qui nous habitent toutes et tous et qui peuvent être communes à toutes les cultures. Une peur fondamentale peut aussi apparaître sous forme d'anxiété : l'angoisse et les angoisses tapies dans l'ombre, l'appréhension, le trac...

La peur de la mort

La peur de la mort est commune à de nombreuses cultures. Nous savons qu'un jour nous ne serons plus de ce monde, mais la plupart du temps, nous ne savons pas quand, ni comment. C'est inéluctable, angoissant et peut même sembler insupportable tant c'est difficile à accepter. Nous ne savons pas ce qu'il adviendra ensuite de notre âme. Nous ne pouvons qu'émettre des hypothèses et, pour certains d'entre nous, avoir la foi. Mais, en tant qu'êtres vivants, nous sommes programmés pour vouloir vivre. Nous avons un instinct de survie et nous nous accrochons à la vie. Mais nous savons aussi que nous ne pourrons pas accompagner nos enfants autant que nous le souhaiterions. C'est très angoissant. D'ailleurs, des scientifiques et leurs riches mécènes mènent des recherches au sujet de « l'immortalité » et du « transhumanisme ». Même si la philosophie, l'art, la science et les religions ont essayé d'apporter des réponses à ces questions autour de la mort, celles-ci demeurent perturbantes et traversent les frontières et les cultures.

La peur de la mort nous renvoie à notre condition d'être vivant, et donc d'être mortel. Cette peur a probablement une fonction dans l'évolution : elle nous pousse à tout faire pour rester en vie ! Elle aiguise notre instinct de survie et notre envie de nous réaliser pleinement. Elle incite peut-être certains et certaines d'entre nous à fonder une famille afin de perpétuer l'espèce humaine, de créer une vie, de transmettre et de donner un sens à leur passage sur Terre. Plus largement, la peur de la mort nous pousse certainement à vivre intensément.

Dans l'iconographie chrétienne et en histoire de l'art, les têtes de mort sont des natures mortes appelées « vanités ». Elles représentent notre état d'« être mortel ». C'est Dieu qui nous rappelle que la vie humaine est éphémère et que la mort est inéluctable. Selon les vanités, tout n'est que futilité et nous devons être humbles, car nous finirons toutes et tous de la même façon. Dans l'Antiquité, on trouvait également des symboles indiquant aux êtres humains que leur vie est éphémère. D'après la légende, la phrase « Memento mori », qui signifie « Souviens-toi que tu vas mourir », était prononcée par un serviteur à l'intention de son maitre lors de la cérémonie du triomphe. Cette phrase pourrait être aussi un bon titre de film à suspense. Elle est d'ailleurs représentée régulièrement sur des blousons de bikers et sur des tatouages. Quant à la phrase des épicuriens « *Carpe diem* », elle signifie « Profite de chaque jour » et elle est une exhortation à profiter de sa vie chaque jour, comme si c'était le dernier. Cette phrase met à distance la peur de la mort. Cela montre bien que cette préoccupation a toujours existé chez les humains et qu'elle est toujours d'actualité.

La peur de voir son pire cauchemar se réaliser

Nous avons toutes et tous cette peur de voir notre pire cauchemar se réaliser. Pour beaucoup de personnes qui ont des enfants ou qui désirent avoir un enfant, la pire chose qui pourrait arriver serait de perdre celui-ci. C'est assez difficile pour moi d'écrire cela, car c'est mon pire cauchemar. Je ne sais pas s'il est possible de se remettre de la perte d'un enfant. Je pense que les fameuses « étapes du deuil » n'ont que peu de sens face à cette épreuve qui n'est pas dans l'ordre des choses. Je partage avec vous un témoignage poignant écrit par une amie.

TÉMOIGNAGE

WANDÉ ET LE COURAGE D'UNE FEMME

« C'était un jeudi matin. Sur le chemin du travail, je me suis arrêtée à ce feu rouge en bas de chez moi. J'ai caressé mon ventre délicatement comme pour bercer ce petit être dans mon ventre, puis j'ai souri à la vie, car je me sentais bien. J'ai souri, car je menais la vie que je voulais. Mais un choc d'une violence inouïe m'a ramenée à la réalité. Ce soir-là, je me suis réveillée sur un lit d'hôpital, totalement perdue, avec la terrible sensation que mon univers s'effondrait. J'entendais sans comprendre des mots d'une violence inouïe : grossesse extra-utérine, ablation de trompe, chirurgie... Une longue période de dépression s'ensuivit, avec une remise en question profonde de la structure même de ma vie, de mes croyances, de ma vision du monde. Quelques mois après ce traumatisme, j'ai commencé à sortir la tête de l'eau et à me demander quel sens je voulais donner à ma vie et à ce drame horrible. À cet instant, j'ai pris conscience que deux choix s'offraient à moi : soit continuer de me morfondre en laissant ce drame me définir, soit me relever et panser mes plaies, en conservant avec amour cette cicatrice de la vie. J'ai décidé de faire de mon histoire une force qui m'aide à surmonter, depuis, les obstacles les plus difficiles. Cette fois-ci, je n'ai pas donné la vie, mais j'ai appris une leçon de vie. Face à des accidents de vie, tu peux te laisser abattre et t'arrêter à cela, ou tirer des enseignements, développer une force interne puissante et poursuivre ta légende personnelle. Cela résume parfaitement le mantra qui m'accompagne au quotidien : "Tant que je suis vivante, tout est possible." Aujourd'hui, quatre ans après, la vie m'a dotée d'une force incroyable qui m'a permis de développer une entreprise au service de la vie, mais elle m'a surtout comblée de deux princesses. J'en suis pleine de gratitude. »

Wandé Mags, coach et conférencière
@wande_mags

La peur de ressentir des émotions désagréables : les méta-émotions

Nous avons rarement envie de ressentir des émotions désagréables et nous préférerions les garder à distance... Et pourtant, celles-ci font intégralement partie de notre expérience d'être vivant et ont souvent un message à nous transmettre. La peur de ressentir une émotion désagréable est une méta-émotion : c'est ce que nous ressentons face à nos propres émotions et à celles des autres. En d'autres mots, quand nous ressentons une émotion, ou voyons quelqu'un exprimer une émotion, nous avons forcément un ressenti et une réaction par rapport à cette émotion.

Par exemple, Alexandre craint d'être mal à l'aise en public, et il appréhende d'avoir des marques de transpiration qui apparaissent sous les aisselles. L'émotion de base est le trac. La méta-émotion est la crainte (la peur). Dans ce cas, on peut aussi parler d'anxiété d'anticipation. Jocelyne a honte d'avoir eu peur d'une peluche qui traînait par terre et qu'elle a prise pour une araignée géante. L'émotion de base est la peur. La honte est la méta-émotion.

Les méta-émotions sont importantes pour notre équilibre émotionnel et en disent long sur notre santé mentale, nos compétences émotionnelles, la façon dont nous nous voyons, et notre estime de soi. Ces méta-émotions sont essentielles dans le couple, car on ne réagit pas forcément de la même manière que notre partenaire face aux émotions, bien qu'on puisse être complémentaires dans ce domaine ! Elles sont également importantes dans le travail. Pour ma part, je suis très à l'aise avec mes émotions et celles des autres, ce qui est une bonne chose compte tenu de mon métier de psychologue. On distingue deux types de méta-émotions. Les méta-émotions d'acceptation que sont nos réactions positives face à nos émotions et à celles des autres. Et les méta-émotions de refus que sont nos réactions de rejet face à nos émotions et à celles des autres. En effet, on peut se sentir bien face à une émotion : c'est une méta-émotion d'acceptation. On peut refuser de ressentir une émotion et la rejeter : c'est une méta-émotion de refus. Par exemple, Lavinia est gênée de se sentir heureuse, alors que sa meilleure amie traverse une passe difficile. Son émotion de base est le bonheur, sa méta-émotion de refus est la gêne. Christopher est heureux d'avoir réussi son examen et il partage sa joie avec ses camarades. Son émotion de base est la joie, et ses méta-émotions d'acceptation sont la fierté et l'envie de partager.

L'anxiété d'anticipation peut être définie comme une méta-émotion de refus par anticipation. Cela peut vraiment arriver à tout le monde, et pas seulement aux personnes sujettes à l'anxiété ou à celles qui éprouvent des difficultés à réguler leur stress. Nous pouvons avoir « peur d'avoir peur » ou « peur de nous sentir mal ». Nous nous savons capables de réussir, mais nous nous pensons incapables d'aller à un examen, par peur d'avoir peur en public, de prendre la parole devant des gens, de bafouiller pendant un oral, d'être mal à l'aise en salle d'examen, de faire une crise d'angoisse pendant l'épreuve...

À ce propos, une étude de 2019 a montré que les méta-émotions de refus face à des émotions désagréables sont corrélées à des états dépressifs sévères. En d'autres mots, refouler sa tristesse ou son anxiété est associé à la dépression. La clé serait peut-être de développer une tolérance à l'inconfort physique et mental, afin d'accepter sa peur et de se lancer dans l'aventure, avec sa peur sous le bras ! Les psychologues peuvent aussi vous accompagner dans cette aventure. Je vous assure qu'il est tout à fait possible de développer son intelligence émotionnelle et d'apprendre à accepter, à manier et à réguler ses émotions avec grâce.

Peur de l'abandon et peur du rejet social

Qui ne redoute pas d'être abandonné et rejeté par ses proches ? Ce sont des peurs fondamentales bien légitimes et très répandues. La peur du rejet, semblable à celle de l'abandon, avec une nuance plus radicale, est ancestrale et adaptative.

L'homme est un animal social. Depuis la nuit des temps, les humains ont eu besoin les uns des autres. Ils ont ressenti la nécessité de se réunir pour se protéger des prédateurs et des ennemis. Leur perspicacité et leur sens de la communauté leur ont permis de survivre et de prospérer. Être rejeté de la tribu, du village ou de la famille était souvent synonyme d'errance et de mort. Ainsi, cette peur est demeurée fortement ancrée en nous. Dès la naissance, les enfants ont besoin de leurs parents. Dès l'école maternelle, ils cherchent à être acceptés et intégrés parmi les autres enfants. À l'adolescence, le besoin d'être intégré à un groupe et la peur du rejet social sont très présents. Chacun cherche sa tribu, même à l'âge adulte.

Toutefois, chez certaines personnes, la peur de l'abandon ou du rejet est particulièrement intense et va plus loin qu'une simple appréhension. Une personne en proie à la peur de l'abandon ou du rejet social est vigilante et attentive à l'égard du moindre signe de désintérêt, de détachement et de prise de distance de la part de ses proches, mais aussi des gens ne faisant pas partie de ses proches. Comme si, au travers de ses relations sociales, elle rejouait la relation avec sa mère, son père, son premier amour, une figure d'attachement ou ses camarades d'enfance. Elle projette ses relations avec ses figures d'attachement sur toutes ses relations actuelles.

La peur de l'abandon est comme un filtre qui s'interpose entre une personne et les autres. Ce filtre modifie d'abord la propre perception de la personne, puis la façon dont son cerveau traite l'information. Ainsi, un geste, un mot, une parole anodine, ou le fait de ne pas avoir de réponse immédiate à un SMS peut être perçu comme un geste d'hostilité et interprété comme un signe de rejet ou d'abandon. La personne surinterprète la réalité et ce n'est pas facile.

S'il s'avère que le désintérêt de l'autre est réel, cela arrive, la personne a beaucoup de mal à l'accepter. Car une personne en proie à la peur de l'abandon et du rejet social a du mal à accepter que les autres puissent ne pas désirer sa présence, ou qu'ils n'aient juste pas eu le temps de répondre à son message. Cela déclenche en elle une forte anxiété et une grande détresse émotionnelle. La personne se heurte à la réalité : elle ne peut pas contrôler le comportement et les sentiments des autres, et cela lui est intolérable. Une rupture amicale est déjà très difficile en soi. Mais quand on a une forte peur de l'abandon, c'est encore plus violent et cela provoque une grande souffrance. Cette peur provoque des déséquilibres à l'idée de ne pas être intégré, accepté, apprécié, valorisé, invité, convié...

Une personne en proie à la peur de l'abandon peut avoir une tendance à entretenir des relations amicales et amoureuses fusionnelles et passionnelles, et à se montrer possessive, voire exclusive. Elle peut, dans certains cas, avoir des comportements obsessionnels vis-à-vis des autres. Elle peut aussi avoir des difficultés à maintenir une sécurité affective satisfaisante, et tendance à développer des relations de dépendance affective. Elle a besoin des autres pour exister pleinement. C'est une grande vulnérabilité qui n'est pas toujours facile à vivre. Ou bien au contraire, elle a du mal à s'engager dans une relation sérieuse, de peur d'être blessée. Elle a des difficultés à faire confiance aux autres et se construit une armure.

Savez-vous qu'on peut tout à fait travailler sur soi et gagner en estime de soi ? On peut s'attribuer de la valeur et se montrer de la compassion, de manière à ne plus être obligé de les chercher systématiquement dans le regard des autres.

TÉMOIGNAGE

JOANNA ET LA PEUR DE NE PLUS ÊTRE AIMÉE

« Lorsque je pense à la peur, des dizaines d'images s'imposent à moi. Primaires, brutes, automatiques. Il y a les classiques : l'araignée, le saut à l'élastique, l'avion. Ces peurs sont identifiées et je les partage probablement avec bon nombre d'entre vous. Elles entraînent une réaction assez immédiate : la fuite, le combat, ou la paralysie, et fin de l'histoire. De mon côté, j'ai une petite préférence pour la fuite ! En termes d'accomplissement personnel, c'est moyen. Mais ce que j'aime avec ces peurs, c'est leur effet d'annonce. Je les appelle : les « peurs mégaphones ». Je sens ces peurs dans mon cœur, dont l'activité semble se suspendre l'espace d'un instant, comme en apesanteur. Je les sens dans mes yeux qui s'écarquillent. Je les sens à la petite voix dans ma tête qui s'endort enfin et qui laisse à mon corps toute l'énergie pour échapper à ce trou noir. Il y a aussi d'autres peurs plus sournoises qui se font passer pour d'autres. Ma préférée, c'est la peur de ne plus être aimée... À la différence des « peurs mégaphones », celle-ci, toute en discrétion, a plutôt tendance à garder mon cœur trop accroché à son objectif, quitte à le briser... Quant à la petite voix dans ma tête, elle reste bien éveillée et alimente « la machine à flippe ». Il y a quelques temps, j'ai réussi à démasquer cette peur de ne plus être aimée. Cette peur était tapie dans les confins de mon esprit. On a bien discuté, elle et moi. On s'est apprivoisées. Aujourd'hui, elle est toujours là, mais elle prend moins de place ! Et surtout, elle s'annonce avant de m'embêter. Je crois qu'au fond, elle n'attendait que ça d'être débusquée, écoutée, rassurée... Alors je tiens à la remercier, car au travers de ses maladresses, elle m'a beaucoup appris. Et elle m'a rendue fière de moi ! »

Joanna, psychologue
@confidencesdepsy

De la peur de s'affirmer au « *people-pleasing* »

Certaines personnes en proie à la peur de l'abandon développent une stratégie de survie, un mode relationnel appelé « *people-pleasing* », que l'on peut traduire par « plaire et surtout ne pas déplaire ». Les *people-pleasers* sont des personnes qui éprouvent des difficultés à s'affirmer et veulent être acceptées à tout prix, au point de s'oublier. En d'autres mots, elles ont peur de déplaire et d'affirmer leurs limites et leurs besoins. Alors, elles ont tendance à s'effacer et à placer les désirs, les besoins et les intérêts des autres avant les leurs, afin d'être intégrées et appréciées, de ne pas être rejetées, de ne pas avoir à donner leur avis, ou de ménager les autres. Elles disent oui, même quand elles pensent non, car affirmer sa volonté propre, c'est prendre le risque de déplaire. Elles font preuve d'abnégation, pas toujours par désir profond de faire le bien, mais plutôt par peur des représailles, de blesser, d'être abandonnées, de se faire remarquer, par désir de plaire et de ne pas déplaire. La peur est au centre de ce système. La gentillesse et la souplesse sont de belles qualités, qui peuvent devenir encombrantes quand elles sont motivées par la peur du rejet et de l'abandon. Pour ces personnes qui détestent le conflit, c'est une stratégie de survie.

Il existe plusieurs inconvénients à ce mode de comportement : on risque de se montrer corvéable à souhait, de ne pas dévoiler, ni développer sa véritable personnalité et tout son potentiel, voire de vivre avec un « faux self », d'être éternellement considéré comme « le bon pote » ou « la bonne copine » de service et de ne pas franchir le cap de la séduction, d'attirer et d'être attiré par des profiteuses, des profiteurs, des narcissiques, des pervers, des personnes violentes... On dit oui tout de suite et on annule au dernier moment, ce qui risque de créer une position difficile.

Cette façon de procéder procure un bénéfice immédiat, mais provoque aussi un effet boomerang très mauvais pour l'estime de soi : on ne se sent pas bien d'avoir dit oui alors qu'on pensait non, on attire les mauvaises personnes, on n'est pas soi-même, on se sent anxieux, on ne crée pas toujours des relations saines et on manque d'authenticité... C'est un cercle vicieux. Les personnes qui adoptent ce mode de comportement ne sont pas toujours alignées. Elles sont régulièrement en dissonance cognitive, quand leurs actes sont en contradiction avec leurs valeurs et ce qu'elles désirent vraiment.

Quelques pistes de réflexion

Si une personne a vécu des événements difficiles pendant sa jeunesse, cela peut se traduire à l'âge adulte par une faille narcissique, une estime de soi fragile et un manque affectif chronique, qui pousse cette personne à chercher à combler ce gouffre, au travers des relations amicales ou amoureuses. Hélas, la déception peut être au rendez-vous, car les amitiés, les relations de travail et amoureuses ne peuvent pas toujours remplacer ce qui n'a pas été donné pendant l'enfance et l'adolescence. Guérir de ses blessures d'enfance et d'adolescence, cela prend du temps. Cela demande surtout de la compassion envers soi-même, de la bienveillance, de la tolérance et de l'amour.

Cependant, rien n'est définitif, rien n'est figé ! Nous pouvons toujours panser nos blessures et faire évoluer notre façon de raisonner et notre comportement, surtout dans cette situation ! Nous pouvons développer notre assertivité et apprendre à nous affirmer, quand il le faut. On peut demeurer gentil et courtois, tout en devenant le personnage principal de sa vie. Au lieu d'accepter l'inacceptable, de ne rien dire alors qu'il fallait réagir, de laisser les choses se faire sans intervenir, nous avons le droit de faire entendre notre voix et de laisser notre « vrai moi » émerger. Par exemple, si votre partenaire vous demande ce que vous voulez faire aujourd'hui, au lieu de dire « comme tu veux », faites une vraie proposition ! Nous pouvons prendre l'habitude de dire non pour les choses qui nous semblent impossibles, inappropriées, intolérables et inadmissibles. Par exemple, vous avez le droit de répondre « non » à la question « peux-tu me rendre ce rapport de 100 pages ce soir ? » (ce qui veut dire que nous allons travailler toute la nuit) ou « Je peux copier tes réponses ? Je n'ai pas eu le temps d'apprendre mon cours, j'étais à une soirée chez Machine hier », etc. Vous pouvez décider de poser de saines limites, verbales et non verbales, sur les réseaux sociaux et dans la vraie vie, car votre temps et vos ressources sont précieux ! Enfin, il est toujours intéressant de faire son introspection, seul ou accompagné de votre psychologue, et d'essayer de comprendre d'où viennent ces peurs et comment les guérir.

La dysphorie de sensibilité au rejet

La *dysphorie de sensibilité au rejet* est une forme d'hypersensibilité au rejet et à la critique, que ceux-ci soient réels ou perçus. C'est une forte peur de l'abandon, du rejet et de la critique. Je ne connais personne qui apprécie de se sentir critiqué, rejeté, laissé de côté, abandonné, ou exclu d'un groupe. Hélas, ces situations ne sont pas rares et peuvent survenir, dans le monde du travail ou associatif, dans les activités, en amitié, en couple, en famille, à l'école ou sur les réseaux sociaux. Quand cela se produit, c'est contrariant et cela fait mal. Nous sommes affectés et peinés pendant quelque temps, bouleversés parfois. Mais nous finissons par nous dire que la vie continue et nous avançons grâce à notre capacité de résilience. Cependant, pour une personne sujette à la dysphorie de sensibilité au rejet, l'impression d'être rejetée, critiquée ou mise de côté, peut provoquer chez celle-ci une réponse émotionnelle intense. Elle est complètement bouleversée, et sa réaction peut être disproportionnée par rapport à l'événement.

Cette hypersensibilité à la critique et au rejet peut avoir plusieurs causes. Elle peut provenir d'une relation compliquée avec un parent, d'un abandon parental, de négligences parentales, d'une période de harcèlement, d'une relation amoureuse toxique et pénible qui se solde par une rupture, d'une amitié toxique... Selon les études, le trouble du déficit de l'attention avec ou sans hyperactivité et le trouble du spectre de l'autisme pourraient être également des facteurs de risque.

La dysphorie de sensibilité au *rejet* peut produire les signes et les comportements suivants : une estime de soi fragile, la peur de l'échec, des exigences très élevées envers soi-même et les autres, la recherche constante d'approbation de la part des autres, une tendance au « *people-pleasing* », des explosions émotionnelles disproportionnées au moindre signe de prise de distance, de critique, ou à la moindre impression de rejet ou de critique, de la colère, de l'agressivité, de l'anxiété, des ruminations, un sentiment de désespoir, des symptômes dépressifs...

Ces symptômes peuvent se retrouver dans d'autres troubles. Mais dans le cas de cette dysphorie, on peut repérer un cycle, ainsi que des réactions intenses typiques. La dysphorie de sensibilité au rejet n'est pas encore répertoriée dans le *DSM-5*, mais des études ont été publiées sur la question. Je pense qu'il est important de se faire accompagner par une ou un psychologue, afin de parvenir à faire la part des choses et la paix avec soi-même et avec les autres, et pour adoucir la façon dont on perçoit les situations de critique et de rejet.

Sortir de ce cercle vicieux

Il me semble important de préciser plusieurs choses au sujet de la peur du rejet et de l'abandon. Je pense sincèrement que se montrer très possessif, jaloux, exclusif, ou être corvéable à souhait ne nous fera pas aimer davantage des autres. Même si cela peut être difficile à accepter, nous ne sommes propriétaires de personne. Les personnes de notre entourage actuel (nos proches, notre partenaire, nos collègues...) n'ont rien à voir avec ce qui a pu arriver dans notre jeunesse avec nos parents ou nos camarades de classe. Quoi qu'il se soit passé, ils n'en sont pas responsables, comme nous n'en sommes pas responsables. Ils ne sont peut-être même pas au courant. En revanche, actuellement, nous sommes responsables de nos actes et de nos paroles. Je trouve toujours très utile de prendre conscience de nos comportements et de nos raisonnements biaisés. Chacune et chacun peut se faire accompagner dans ce cheminement qui consiste à être honnête envers soi-même, à poser un regard différent sur son passé, à accepter ce qu'on ne peut pas changer, à raisonner différemment et à agir sur ses comportements actuels, afin de rendre ses relations plus harmonieuses. Nous pouvons également choisir soigneusement notre partenaire et nos amis. Pourquoi aller systématiquement vers des personnes désagréables, vers des personnes qui nous dévalorisent ou qui nous rejettent, alors que nous pouvons choisir d'être bien entourés par des personnes agréables et qui nous apprécient sincèrement ?

TÉMOIGNAGE

Laurence et la peur de l'abandon

« Quand ma maman était enceinte de moi, elle a dû dissimuler sa grossesse. En effet, au moment où elle l'a appris, elle n'était pas mariée, et en 1972, cela n'était pas très bien vu... Elle a ainsi caché sa grossesse pendant plusieurs mois, par peur d'être rejetée par sa famille et par peur du désamour de ses proches... C'est ainsi qu'*in utero*, j'ai hérité de cette peur invisible, la peur de l'abandon.

> Quand j'étais enfant, cette peur se traduisait par la peur de faire des choix. J'avais peur de m'affirmer. En grandissant, ma peur a évolué et j'ai eu tendance à faire passer les attentes des autres avant les miennes et j'ai eu des difficultés à dire non. Car dire non, c'est s'opposer et c'est prendre le risque d'être moins aimée.
>
> Aujourd'hui, j'essaie de faire la part des choses entre cette quête d'amour inconditionnel et l'objectivité que la situation requiert. Une alarme interne se déclenche en moi et me rappelle ne pas me perdre dans ce besoin ultime d'être aimé. »
>
> **Laurence, créatrice de « Nature sacrée » et des chambres d'hôtes « Un parfum de Violette »**
> **@naturesacree**
> **@unparfumdeviolette**

La peur et le syndrome de l'imposteur

Comment savoir si vous êtes touché par le complexe de l'imposteur ? Si vous êtes embarrassé et vous demandez ce que l'on vous trouve, chaque fois que l'on vous fait un compliment. Si vous ne parvenez pas à vous réjouir quand vous réussissez quelque chose, car vous vous dites que vous avez eu de la chance et que vous auriez pu faire mieux... Si vous réussissez tout ce que vous entreprenez, mais avez la fâcheuse tendance à sous-évaluer vos compétences et à surévaluer celles des autres. Si tout cela résonne très fort en vous, il ne s'agit probablement pas simplement de modestie, de recul, de simplicité, et d'humilité... Peut-être est-ce un syndrome de l'imposteur. Quand on est sujet au syndrome de l'imposteur, on pense qu'on ne mérite pas les succès que l'on obtient et nos pensées sont déformées par nombre de biais cognitifs : on surestime les capacités des autres et on sous-estime les siennes. On attribue ses bonnes performances à la chance et à la bienveillance des autres. En revanche, on estime que nos échecs sont dus à nos défaillances personnelles. C'est typiquement le biais d'internalité ! À cause de ce complexe, on ne profite pas pleinement de ses réussites. On a peur d'être jugé négativement, de l'échec, de ne pas suffire, de ne pas être intégré, d'être exclu... On peut même être jaloux des autres, ou se mettre sciemment en situation d'échec. Comme le montrent certaines études, on peut également avoir une estime de soi fragile. On a peur de ne pas être reconnu à sa juste valeur et on s'imagine que les gens vont découvrir à quel point on n'est pas compétent. On pense qu'on doit travailler plus que les autres et on est convaincu que leur travail sera forcément plus abouti que le nôtre. On s'imagine que ce qu'on fait est sans intérêt et que les autres feront forcément mieux que nous. On peut avoir tendance à ruminer des pensées négatives et présenter une tendance à la dépression. On a l'impression d'être « de trop » et que le monde se porterait mieux sans nous, ou du moins, que personne ne s'apercevrait de notre absence si on ne se présentait pas au travail, un matin.

D'où provient ce complexe de l'imposteur? Il est construit sur la peur de ne pas être à la hauteur et la peur de l'échec, mais également autour d'idées irrationnelles concernant notre valeur personnelle, la valeur de notre travail... Notre confiance en soi est ébranlée. Il peut survenir à la suite d'un échec, d'une mauvaise expérience, de remarques de la part de ses proches, sa hiérarchie ou ses collègues ou avoir été provoqué par des remarques désobligeantes et répétitives de la part de ses parents, pendant l'enfance et l'adolescence. À force d'entendre de telles remarques, on finit par les croire et les intérioriser. Il se peut aussi que l'on ait été constamment comparé négativement à ses frères et sœurs, à la cousine ou à la voisine, qu'un professeur ait émis systématiquement des remarques négatives, sans remarquer les aspects positifs et les efforts, qu'on ait été démoli par une relation malsaine, qu'on ait vécu un échec et qu'on ne s'en remette pas, ou qu'on ait subi des stéréotypes et des préjugés racistes. Tout cela peut être très déstabilisant.

Il semble que les femmes soient davantage touchées par le syndrome de l'imposteur, peut-être à cause des stéréotypes de genre. Les femmes peuvent également faire l'objet du *syndrome du grand coquelicot (le « tall poppy syndrome »)* de la part des hommes et des autres femmes. Les femmes qui travaillent beaucoup et réussissent bien se font critiquer, harceler, parfois piéger, et voient leur mérite minimisé par leurs collègues, leurs supérieurs, les autres instagrameuses... Les collègues et les adversaires ont tendance à « couper la tête » de celles qui sortent du lot, c'est l'image du grand coquelicot qui dépasse du champ. C'est violent, déstabilisant et très pénalisant pour l'estime de soi et la confiance en soi.

La peur de réussir

La peur de réussir est possiblement liée à la peur d'attirer l'attention sur soi, de susciter de la jalousie, de faire mieux que ses parents, ses frères et sœurs ou son groupe social d'origine (par peur de les mettre mal à l'aise et de ne plus être accepté dans son groupe social d'origine), de sortir du lot, d'attirer l'attention, ou causée par le syndrome du grand coquelicot, des complexes physiques importants, la timidité, la sensation d'être différent des autres, l'anxiété sociale, la phobie sociale... On peut aussi redouter que les autres s'attendent ensuite à ce qu'on réussisse tout le temps, et avoir peur que le niveau d'exigence augmente. La peur de réussir peut être liée à la procrastination, qui consiste à remettre au lendemain ce qu'on aurait dû faire hier. En effet, pour réussir, il faut s'en donner la peine et les moyens, il faut essayer et se lancer, il faut accepter la possibilité de l'échec, être consistant et constant dans ses efforts. Il faut travailler, au moins un peu... Or, travailler, c'est fatigant ! Je vous assure que je suis la première à le penser ! Mais on ne peut pas toujours tout remettre au lendemain...

La peur de réussir peut être également liée à une estime de soi fragile et au désir inconscient de valider celle-ci, ainsi la boucle est bouclée : « Je pense que je n'ai pas de valeur, ou d'autres personnes me font sentir que je n'ai pas de valeur et je les crois, alors je fais tout pour valider ce présupposé. » Un désir de consistance cognitive peut également provoquer la peur de réussir : « Je n'ai jamais rien fait de bien, alors je ne vois pas pourquoi cela changerait ! » On se complaît dans ce rôle. Ce phénomène s'appelle l'autoréalisation des prophéties. C'est hélas quelque chose de réel. À force de se coller une étiquette ou de se voir attribuer une étiquette, on finit par se conformer à cette étiquette et par adapter notre comportement.

On peut tout à fait sortir de la peur de réussir, si on décide d'entreprendre un travail sur soi, de vivre sa propre vie, de suivre ses véritables envies, d'exploiter tout son potentiel sans écouter les mauvaises langues, de ne plus se trouver d'excuses et de réaliser ses rêves. Qu'en pensez-vous ?

TÉMOIGNAGE

AZIZA ET LA PEUR TRANSFORMÉE EN MOTEUR

« Le jour où j'ai apprivoisé ma peur a été celui où j'ai décidé de quitter mon emploi pour me consacrer entièrement à ce qui m'animait et me passionnait vraiment : mon métier de psychologue. Après dix ans en CDI, j'étais très effrayée à l'idée d'ouvrir mon cabinet, car j'avais peur de quitter le salariat. Si j'avais écouté ma peur je serais toujours sur un poste qui ne me stimulait plus. Il m'a fallu près de trois ans pour dépasser mes peurs : peur de l'échec, peur de l'agenda vide, peur de ne pas être à la hauteur, peur de ne pas être compétente...

Puis un matin, sur mon lieu de travail, une conversation anodine m'a décidée. Je n'étais plus à ma place là où j'étais. Je ne partageais plus les valeurs de l'équipe dans laquelle j'évoluais. Il me fallait retrouver mon épanouissement professionnel ! J'ai transformé ma peur en une impulsion insoupçonnée. J'ai mené des enquêtes, rencontré des professionnels, récolté un maximum d'informations et j'ai osé tenter l'aventure du cabinet libéral !

Les doutes et la peur m'ont accompagnée et m'accompagnent encore aujourd'hui parfois. Mais je ne les vois plus comme des éléments négatifs, au contraire ! Ils sont bien souvent des moteurs qui me poussent à me réajuster et me

> questionner. C'est cette même peur qui me réveille encore parfois de bonne heure le matin, ou me pousse à faire des recherches plus approfondies. J'ai enfin réussi à composer avec mes peurs. Je prends le temps de les analyser afin de les accueillir différemment. Mes peurs ne sont plus mes ennemies, mais mes alliées. »
>
> **Aziza Yakota-Néchal, psychologue en libéral**
> **@aziza_la_psy**

CHAPITRE III

L'anxiété et la peur

UN ÉTAT FORT DÉSAGRÉABLE

L'anxiété est une émotion fort déplaisante composée d'inquiétude et de forte appréhension, dérivée de l'émotion de peur. Nous pouvons toutes et tous ressentir de l'anxiété et nous en avons toutes et tous déjà ressenti. Avant ou après un événement important, à la suite d'un événement mal vécu, d'un choc émotionnel, d'une grosse frayeur, d'une agression ou d'une longue période de stress, quand nous ne dormons pas assez, en cas de maladie chronique, face à une difficulté réelle ou que nous percevons sincèrement comme étant réelle...

À l'origine, l'anxiété est une réaction adaptée. Nous sommes des êtres sensibles et nous sommes programmés pour réagir ainsi, car l'anxiété nous est profitable : elle nous avertit des dangers, des tensions, des problèmes à régler ou de l'importance d'un événement. Avoir peur et ressentir de l'appréhension, c'est naturel et peut arriver à tout le monde. Nous pouvons aussi être de nature anxieuse et le vivre plutôt bien, cela fait juste partie de notre personnalité. Cependant, ce qui semble anodin et ne cause qu'une légère appréhension chez votre partenaire, peut vous sembler insupportable et provoquer de l'anxiété, car un même événement peut être perçu et vécu différemment par différentes personnes. Alors, vous ressentez une bouffée d'angoisse, vous avez mal au ventre, votre rythme cardiaque s'accélère, vos mains tremblent, vous avez du mal à respirer, vous vous sentez oppressé, vous développez un trouble anxieux, de l'anxiété chronique ou des phobies...

LES VISAGES DE L'ANXIÉTÉ

L'anxiété a de nombreux visages : anxiété sociale, anxiété d'anticipation, peur de l'abandon, anxiété liée à l'image de soi, aux troubles alimentaires, phobie sociale, phobies spécifiques, angoisses, crises d'angoisse, attaques de panique... Généralement, les cours de psychologie rassemblent le tout sous le nom de « trouble de l'anxiété généralisée », sans discerner les symptômes de chacun. Mais chaque personne ne présente pas le même type d'anxiété. Angoisse, anxiété matinale, anxiété nocturne, bouffées d'angoisse, les différentes formes d'anxiété ne se manifestent pas à la même intensité et n'ont pas le même impact sur la vie de chacun.

L'anxiété peut apparaître sous forme d'angoisse. C'est une sensation corporelle désagréable, comme une boule au ventre, une sensation d'oppression de la cage thoracique, une contraction musculaire, l'impression d'avoir du mal à respirer, accompagnée d'une forte appréhension diffuse. On se sent en danger sans vraiment savoir pourquoi et on redoute quelque chose. On est préoccupé et tendu. L'angoisse peut se manifester fortement le matin au réveil car c'est le moment où notre taux de cortisol réalise un pic naturel, puis s'estomper progressivement au cours de la journée. Elle peut se manifester au cours de la journée, à la suite d'un pic de stress, d'une contrariété, d'un mauvais souvenir, d'une anticipation ou de pensées négatives. Elle peut se manifester en soirée avant d'aller se coucher sous forme d'anxiété nocturne ou de nyctophobie. Elle peut se manifester en pleine nuit sous forme de cauchemars ou d'insomnie. La bouffée d'angoisse est une sensation d'angoisse qui surgit, comme une vague qu'on sent monter en soi. Dans tous les cas, c'est assez pénible à supporter, il faut bien le reconnaître. L'angoisse peut avoir une cause bien identifiée, mais elle peut également sembler ne pas avoir de cause apparente. En réalité, elle a toujours une cause, même ancienne. En effet, elle peut s'activer des années après un événement traumatisant.

L'anxiété peut se matérialiser sous forme de crise d'angoisse. Lorsque la tension physique et psychologique est à son comble et dépasse notre capacité de tolérance, quand la tension, l'angoisse, la contrariété et l'appréhension ne sont plus supportables pour nous, quand la privation de sommeil est trop importante, quand on a l'impression de se trouver dans un tunnel sans possibilité d'échapper à notre destin, de perdre le contrôle de la situation, d'être pris au piège et de ne pas trouver de solutions à nos problèmes, quand on se sent submergé, cela peut déboucher sur une crise d'angoisse. Celle-ci est le point culminant des angoisses, des bouffées d'angoisse et des ruminations. Soudain, la marmite déborde ! Une crise d'angoisse se déroule justement comme un débordement physique : on a du mal à respirer, on halète, on suffoque ; on se sent très oppressé et le rythme cardiaque augmente ; on est pris de tremblements ou de vertiges importants ; on fait un malaise vagal... On vit une expérience de déréalisation (l'impression d'être dans un autre monde et que le monde qui nous entoure n'est pas réel) ou de dépersonnalisation (l'impression d'être à côté de soi). Ce sont des symptômes dissociatifs qui sont des effets de dissociation entre le corps et l'esprit (rendez-vous au chapitre 1 pour en lire davantage).

L'angoisse est généralement accompagnée de ruminations. Ce sont des idées négatives, des injonctions, le contenu de notre charge mentale, des pensées catastrophistes, autodénigrantes ou irrationnelles, qui tournent en boucle dans notre esprit de manière obsédante.

Une attaque de panique est une crise d'angoisse dans sa forme la plus intense. C'est aussi beaucoup plus rare et plus exceptionnel. L'attaque de panique démarre comme une crise d'angoisse, mais elle est caractérisée par une montée en puissance de la peur et des pensées catastrophistes, des symptômes physiques intenses et la perte de contrôle de soi-même. Une personne en proie à une attaque de panique se sent très oppressée, ses pensées de peur se juxtaposent, son rythme cardiaque s'accélère, elle a du mal à respirer, jusqu'au moment où elle ressent une impression de panique et ne peut plus stopper la machine. Elle peut avoir l'impression de faire une crise cardiaque et qu'elle va mourir, tant ses symptômes sont intenses, mais je vous assure que ce n'est qu'une impression. Elle semble très agitée et peut crier, casser des objets ou faire une crise de tétanie. Elle risque de se mettre en danger ou de mettre d'autres personnes en danger, surtout si elle cherche à sortir ou à s'enfuir de l'endroit où elle se trouve (d'un avion, d'une voiture, d'un ascenseur...). Une attaque de panique est toujours éprouvante, effrayante et fatigante. On parle de « trouble panique » si ces attaques de panique se répètent.

L'anxiété d'anticipation est bien connue des personnes anxieuses. Les crises d'angoisse et les attaques de panique peuvent se répéter, car elles ont été mémorisées par le cerveau comme des « réactions adaptées ». C'est cela qui déclenche de l'anxiété d'anticipation, car on appréhende et on anticipe la survenue d'une nouvelle crise d'angoisse ou d'une attaque de panique. En effet, on peut avoir tendance à beaucoup écouter son corps et ses sensations corporelles. Ce n'est pas un mal en soi, mais cela devient un problème quand on est à l'affût des signes de fatigue, de faim ou de digestion, quand on surinterprète et qu'on échafaude une construction mentale autour des « bruits du corps ». Or, des bruits et des sensations dans le corps, il y en beaucoup, car notre corps est une véritable usine qui ne cesse jamais de tourner. De même, l'inconfort que n'importe qui ressent dans une atmosphère surchauffée ou dans un métro bondé peut sembler complètement intolérable à une personne sujette aux crises d'angoisse ou aux attaques de panique. L'anxiété d'anticipation peut provoquer des phobies et une tendance à l'évitement. La perspective de faire une crise d'angoisse ou une attaque de panique peuvent en effet amener une personne à éviter les sorties et à se désocialiser, tant elle redoute qu'une attaque de panique se produise hors de chez elle. C'est un cercle vicieux et c'est vraiment dommage : on a peur d'avoir peur. Je ne pense pas rompre le secret professionnel en écrivant que de nombreuses personnes qui me consultent pour de l'anxiété me confient « avoir peur d'être en train de devenir folles ». Je tiens justement à vous rassurer si vous êtes dans cette situation. Il s'agit d'anxiété et l'anxiété se traite !

Le trouble d'anxiété généralisée est le terme générique. Si vous vous sentez très tendu, très réactif, hypersensible et en hypervigilance pendant plusieurs semaines et de manière permanente, si votre anxiété n'est plus passagère et s'est installée, il s'agit probablement d'un « trouble d'anxiété généralisée ». On peut également parler « d'anxiété flottante ». L'anxiété flottante est cette impression d'inquiétude excessive toujours présente, à tout moment et à toute heure. La personne qui y est sujette voit cette anxiété imprégner tous les aspects de son existence ! Au point d'envisager le pire pour tout, de développer des phobies et d'activer des rituels de défense qui se juxtaposent à son anxiété, de ne plus pouvoir dormir la nuit, sortir de chez soi, travailler ou avoir des relations normales avec ses collègues de bureau. C'est assurément une entrave à la liberté.

Si vous vous sentez anxieux et que cette anxiété s'intensifie, perdure, devient envahissante, et vous empêche de vivre votre vie, il est temps d'intervenir, car l'anxiété se traite. Je vous conseille amicalement de prendre rendez-vous avec votre médecin et votre psychologue.

TÉMOIGNAGE

Océane et l'angoisse des voyages

« Au cours de ma vie, j'ai très souvent ressenti de l'anxiété et de la peur. Vous savez, cette anxiété qui vous paralyse et vous donne la sensation que la vie est une épreuve. Celle qui vous renvoie que vous êtes différents des autres. Puis un jour...

je me suis rendu compte à quel point ces peurs m'ont permis de grandir et de prendre confiance en moi. À l'âge de 19 ans, j'ai rencontré l'Amour, mon compagnon, qui était un grand voyageur dans l'âme. Moi j'étais une jeune fille très anxieuse et paralysée par les peurs. Je n'imaginais pas voyager. Après quelques mois passés ensemble, mon conjoint m'a offert un voyage en Corse. J'étais paralysée par la peur de prendre l'avion et d'aller sur un territoire inconnu. La veille du départ, je ressentais tellement de peurs que j'étais allongée sur mon lit à me tordre d'angoisse et à imaginer tous les scénarios possibles pour ne pas aller en Corse. Puis j'en ai parlé à mon compagnon qui a su trouver les mots pour me rassurer. Mais surtout, j'ai trouvé cette force en moi, cette force qui me permettait de penser que tout était possible. Dans l'avion, j'ai fermé les yeux et j'ai pratiqué la cohérence cardiaque et la respiration abdominale. J'ai aussi respiré des huiles essentielles sur un mouchoir. Je n'ai pas voulu lutter contre mes émotions. J'ai décidé de leur laisser la place de s'exprimer et de poser des mots en parlant avec mon conjoint. Une fois arrivée en Corse, j'étais épuisée. Je me suis reposée. Puis j'ai passé une semaine magnifique. J'ai compris que peu importe où j'irais, j'étais en sécurité avec moi-même et j'avais les clés pour apaiser mes peurs. Ensuite, nous avons décidé de partir en Crête et en Italie... J'ai à nouveau ressenti ces peurs. Il m'aura fallu plusieurs voyages pour me sentir vraiment en sécurité avec moi-même. Un jour, nous avons décidé de partir un mois en Thaïlande, la plus belle expérience de ma vie. Qui aurait cru autrefois qu'un jour je partirai à quatorze heures d'avion, pendant un mois, à l'autre bout du monde ? En posant un regard bienveillant sur l'anxiété que je ressentais, je lui ai laissé la place de s'exprimer et, aujourd'hui, elle est partie. Je voyage librement avec plaisir. À présent, nous avons pour projet de partir faire le tour du monde ! Aujourd'hui, je sais que les émotions sont passagères ! En tant que psychologue et en tant qu'être humain, je vous invite à penser que tout est possible ! »

Océane Medina, psychologue
@oceane. psycho

LES CAUSES POSSIBLES DE L'ANXIÉTÉ

Je lis souvent que l'anxiété est une peur irrationnelle, non adaptative, sans objet et sans cause. C'est inexact ! L'anxiété a toujours une origine, même ancienne ! Ne traiter que les symptômes est insuffisant, car ceux-ci se déplacent. C'est pourquoi sortir de l'anxiété nécessite une investigation approfondie. Dire aux patients que leur peur est illégitime, cela ne les aide pas du tout, au contraire ! Cela fait culpabiliser à l'idée de ne pas « être adapté ». De plus, certains gènes seraient impliqués dans l'anxiété et constitueraient un terrain favorable à son apparition. Mais rien n'est systématique, car les gènes s'expriment au contact d'un certain environnement. Il existe d'autres causes physiologiques à l'anxiété, comme la dépression, le trouble bipolaire, le syndrome prémenstruel, la privation de sommeil, le burn out...

De fait, tout le monde peut traverser un épisode anxieux ou développer un trouble de l'anxiété. Celle-ci n'est pas réservée à certains individus qui y seraient génétiquement prédisposés. Tout le monde a son lot d'épreuves et de problèmes, avec de l'anxiété à la clé. Personne n'y échappe, un jour ou l'autre. La vie quotidienne regorge de petites contrariétés, de gros problèmes et de défis susceptibles de provoquer de l'anxiété. Un traumatisme du passé peut aussi ressurgir, des peurs de l'enfance peuvent se réactiver à l'âge adulte, provoquant de l'anxiété. Personne n'est vacciné contre les problèmes professionnels ou personnels. Quant au monde d'aujourd'hui, il est particulièrement propice à l'apparition de l'anxiété.

Lorsqu'on est confronté à un événement pénible et qu'on expérimente la peur, notre cerveau mémorise cette peur. Il est alors conditionné à redouter un événement terrible et à réagir de façon violente. Il traite les informations qui lui parviennent comme si le risque était imminent et permanent, car l'amygdale dysfonctionne et ne régule plus les réponses à la peur. On est en état d'hypervigilance : notre organisme est aux aguets, hyperréactif. Le mécanisme de l'anxiété est pernicieux :

une fois installé, il peut se mettre en route à tout moment, même lorsque tout va bien et que les problèmes sont oubliés.

Si vous avez subi un choc émotionnel ou physique ou un traumatisme, vous pouvez être touché par un trouble du stress post-traumatique. Dans ce cas, vous réagissez de façon extrême à tout ce qui vous rappelle l'événement ou même à un stimulus anodin (une porte qui claque, une sonnerie de téléphone...). Je vous conseille vivement de prendre rendez-vous chez un médecin afin d'évoquer vos difficultés et de trouver une prise en charge qui vous convienne. Au besoin, faites venir le médecin à votre domicile ou faites-vous accompagner par un proche à votre rendez-vous.

ÉVACUER L'ANXIÉTÉ

L'anxiété est un phénomène tout autant psychologique que physique. Avez-vous déjà envisagé l'anxiété comme de l'électricité qui circule un peu trop vite ? Dans cette perspective, on peut imaginer que cette énergie nécessite d'être évacuée, d'une manière ou d'une autre, avant qu'elle ne provoque un court-circuit, avant qu'elle ne déborde et jaillisse de manière brutale, à un moment inopportun, sous forme de crise d'angoisse ou d'attaque de panique.

Comment évacuer l'anxiété avant qu'elle ne déborde ? Je vous invite à vous trouver une activité sportive qui vous plaise, vous convienne et vous permette d'évacuer vos résidus de cortisol et de remettre le compteur à zéro. Séance de yoga, de natation, de boxe ou de footing, match de foot, cours de danse... Il faut trouver ce qui vous correspond le mieux et vous fait du bien. Le sport est un élément absolument essentiel pour notre santé mentale. Je suis certaine que je ne vous apprends rien. Le sport nous procure d'importants bénéfices dont nous profitons au travail, à la maison, dans nos relations avec les autres et surtout dans notre relation avec nous-mêmes. C'est un véritable médicament ! C'est de l'amour pour soi-même.

Je vous invite également à sortir faire de longues marches en pleine nature, à pratiquer des exercices de respiration lente et profonde afin d'activer le système nerveux parasympathique et de faire ralentir l'organisme, à pleurer afin d'évacuer la tension, ou encore à verbaliser et à exprimer vos soucis avant qu'ils ne provoquent des dégâts... Pour cela, je vous invite à contacter un proche et à demander de l'aide. C'est tout simple, mais cela contribue à interrompre la montée du stress ou de l'anxiété. Un appel ou un petit échange de SMS avec un proche, ou un papotage avec une ou un collègue que l'on apprécie, cela aide à faire redescendre la pression et à retrouver le sourire. Pourquoi s'en priver ? Cet interlocuteur peut aussi participer à dédramatiser, à relativiser, ou à rassurer, si besoin est, ou juste à écouter sans juger.

Il est essentiel de chercher la source de votre anxiété. Les crises d'angoisse ne surviennent jamais par hasard, comme une mauvaise carte qu'on aurait tirée. Si vous vous sentez concerné par les crises d'angoisse et les attaques de panique, sachez que l'on peut guérir ! Il est essentiel de consulter une psychologue spécialisée afin de vous faire accompagner.

Pratiquer un exercice de respiration lente et profonde

Nous respirons pour vivre, c'est quelque chose d'absolument naturel ! Mais nous respirons généralement de manière assez saccadée et sans amplitude. Comme notre ventre est un terrain de choix pour les émotions liées à la peur, celles-ci peuvent provoquer des douleurs lancinantes, des problèmes digestifs, un nœud au ventre ou une boule au ventre, de l'aérophagie, des bouffées d'angoisses ou une sensation d'oppression. Il suffit souvent de s'isoler un peu et de bien respirer afin de « digérer » ces émotions, pendant un moment. La respiration lente et profonde nous permet d'actionner notre système nerveux parasympathique, en charge du maintien et du retour au calme de notre organisme. Cela fonctionne car c'est mécanique : on appuie sur le frein et on oblige notre organisme à ralentir. Pour cela, je vous invite à focaliser votre attention sur votre souffle, à prendre conscience de l'air qui circule en vous et à imaginer que celui-ci entraîne le stress et l'anxiété à l'extérieur, le tout durant trois à quatre minutes ! C'est d'une simplicité enfantine et redoutable. C'est un temps calme, durant lequel vous vous retrouvez, rassemblez nos esprits et focalisez votre attention sur votre respiration. Si vous ne parvenez pas à focaliser votre attention sur votre souffle, pensez à un bon souvenir, ou imaginez une couleur sur laquelle focaliser vos idées. Le bleu par exemple. Notre cerveau n'ayant pas la capacité de se focaliser sur mille choses en même temps, vous allez vous détacher du tourbillon de vos pensées et des événements extérieurs.

Comme toutes les techniques, il faut essayer suffisamment longtemps afin de pouvoir constater un réel changement. Je vous conseille de pratiquer vos respirations très régulièrement, pendant trois à quatre minutes, le temps d'une chanson ! À force de pratiquer, c'est plus facile à mettre en œuvre lorsqu'on en a besoin : avant de prendre la parole en public, pour s'endormir très rapidement au cours d'une micro-sieste, pour apaiser un pic de stress dans les transports en commun, etc. L'avantage de cet exercice est qu'il peut être pratiqué partout, à tout moment, et en toute discrétion !

La cohérence cardiaque correspond à un rythme de respiration qui serait « idéal » pour nous, d'un point de vue physiologique. Pour atteindre cet état de cohérence cardiaque, il s'agit de pratiquer le même exercice que celui que je vous ai décrit dans le paragraphe précédent, en inspirant en cinq secondes et en expirant en cinq secondes. Vous pouvez compter, ou utiliser une montre ou le minuteur de votre smartphone. Concrètement, vous inspirez cinq secondes, et vous inspirez en cinq secondes, six fois de suite, pendant trois à quatre minutes.

La respiration abdominale aide à dissiper le stress, l'anxiété, et les tensions, mais aussi à masser le ventre. Cette technique consiste à inspirer par le nez en gonflant le ventre comme un ballon, puis à expirer par la bouche en rentrant le ventre et en contractant la sangle abdominale. C'est très simple à réaliser. Pour s'entraîner, on s'allonge et on pose ses mains sur son ventre, afin de bien sentir les mouvements, et on répète plusieurs fois l'opération.

La respiration par le haut permet de libérer sa cage thoracique, lorsque les émotions provoquent une sensation d'oppression. On commence par se tenir correctement, la tête haute, les épaules basses, on inspire et on expire tranquillement, et on tâche de bien sentir l'ouverture de ses côtes. On renouvelle l'opération en dessinant un grand cercle avec les bras, c'est relaxant et cela aide à bien ouvrir la cage thoracique afin de faire disparaître cette sensation d'oppression. C'est aidant lors d'une crise d'angoisse.

La respiration alternée consiste à inspirer par une narine, puis à expirer par l'autre narine, en bouchant une narine à chaque fois. De cette façon, l'air et l'énergie circulent.

Les variantes consistent à bloquer l'air quelques secondes après l'inspiration, puis à souffler. Ou bien à inspirer et à expirer trois fois de suite avec la même narine. C'est un bon moyen de diminuer ses réactions intempestives liées au stress et à l'anxiété : on se concentre sur son souffle, on se recentre sur soi-même, le rythme de sa respiration s'apaise...

Prendre un bain de forêt

Le fameux « Shinrin-yoku » du Japon consiste à marcher dans un parc boisé, une forêt ou un bois, à s'immerger dans la verdure et à profiter des senteurs forestières et de l'air chargé en émanations volatiles. Les arbres transforment l'oxyde de carbone en oxygène. L'air est donc enrichi en dioxygène natif. En forêt, nous respirons également les terpènes, le mélange d'huiles essentielles, de résines végétales sécrétées par les arbres et de phytoncides. Ces molécules volatiles sont sécrétées par les arbres et auraient des vertus antibiotiques. La rosée et les végétaux, comme les mousses et les lichens, rendent l'expérience encore plus profitable car elles fixent et retiennent les particules polluées de l'air.

La sylvothérapie est gratuite et accessible à tout le monde. Elle entraine de fabuleux bienfaits au niveau physiologique. Notre respiration s'apaise, notre taux de cortisol diminue et nos pensées contrariantes s'estompent peu à peu. Tout se calme en nous. Nous ne pensons plus à rien. Nous respirons les différents parfums, nous regardons l'ombre et la lumière, nous levons la tête afin d'admirer les cimes et les morceaux de ciel, nous touchons l'écorce des arbres, nous nous immergeons dans le vert, nous apprécions le calme, la beauté et la sérénité du lieu, nous écoutons le chant des oiseaux et le craquement des branches, nous flânons et nous laissons envoûter par la magie de la foret... Nous pouvons même faire un câlin à un arbre ou juste nous asseoir contre un tronc pour nous reposer. Notre esprit vagabonde et se laisse porter par la foret. Nous revenons à l'essentiel. Ce qui nous contrariait revêt finalement moins d'importance. Nous rentrons fatigués et heureux !

La visualisation

Lorsque nous sommes dans une situation stressante ou anxiogène, nous sommes libres de pratiquer la visualisation positive. Il s'agit de convoquer intérieurement des images agréables et rassurantes et de visualiser un bon moment, au cours duquel nous nous sommes sentis sereins, apaisés et confiants. Nous avons toutes et tous enregistré des images mentales de jours dorés et bonnes périodes de sa vie. Il est possible de retrouver l'état d'esprit qui nous animait à ce moment-là, en activant nos souvenirs, nos sens et nos images mentales. Un paysage, un parfum, une musique, un plat, un souvenir d'enfance, un souvenir de vacances, un film, une série, et nous nous connectons avec de bonnes vibrations.

Nous pouvons également nous projeter dans un univers radieux et enthousiasmant, dans un futur idéal ou dans l'épisode d'une série que nous apprécions particulièrement. C'est très efficace ! L'idée n'est pas de vivre dans un fantasme, mais d'utiliser son imagination à bon escient, et de retrouver confiance en la vie et en soi-même, afin de se sentir mieux.

Se préserver de l'anxiété

Quand on a la possibilité de se préserver complètement des facteurs d'anxiété et de faire une pause dédiée à sa santé mentale, je pense qu'il faut en profiter. Nous avons toutes et tous le droit de récupérer et de préserver notre santé mentale. C'est tout à fait légitime. Selon moi, cela devrait être obligatoire au moins une fois par semaine ! Si vous avez la possibilité de rester à l'abri dans votre cocon, seul ou avec vos proches, de vous déconnecter des réseaux sociaux, de prendre le large et de partir en pleine nature, ou d'aller au musée admirer des œuvres, faites-le et profitez-en à fond. Nous avons besoin de respirer, notre cerveau aussi. Nous pouvons également nous offrir une pause silence, surtout quand on vit et qu'on travaille en permanence dans le bruit ! On prend cinq minutes de pause dans le silence complet, cela fait le plus grand bien ! On s'apaise, on se relaxe, on se recentre et on rassemble ses esprits. Nul besoin d'un mode d'emploi ou d'une application sur son smartphone pour faire une pause dans le silence... N'oubliez pas que les créateurs d'applications cherchent à créer des besoins chez les consommateurs.

J'ai partagé avec vous quelques techniques d'urgence pour faire face à l'anxiété lorsqu'elle se présente. Je compte sur vous pour consulter votre médecin et votre psychologue en parallèle si vous en ressentez le besoin.

Choisir une stratégie de fond

Une fois que nous nous sentons plus apaisés physiquement et plus calmes mentalement, c'est le moment de réfléchir à une stratégie de fond afin d'apprivoiser l'anxiété et de faire face à des situations potentiellement anxiogènes. Nous pouvons par exemple relâcher la pression sur le désir de perfection. En général, personne ne nous demande d'être « parfaits ». Pour diverses raisons, c'est nous-mêmes qui nous créons une « obligation de réussite et de performance ». Plus que cela, nous cultivons le désir de perfection, ce qui produit une forte charge mentale et de l'anxiété. Nous pouvons préférer l'efficacité à la perfection. En réalité, « fait » vaut mieux que « parfaitement fait à moitié et complètement anxieux ». Qu'en pensez-vous ?

Je vous propose également de prendre l'habitude de rationaliser systématiquement. Cela signifie qu'on examine les faits, rien que les faits, sans produire de raisonnement émotionnel. On met ses émotions, ses idées négatives et ses ruminations de côté pout un moment, juste le temps d'examiner les situations anxiogènes de façon objective et raisonnable. Je sais bien que cela n'est pas simple. Mettre ses émotions à distance pour un moment et être honnête avec soi-même n'est pas facile. Mais il est essentiel de faire cela régulièrement, seul ou avec votre psychologue.

Par les temps qui courent, ne pas tout prendre au premier degré est une qualité absolument indispensable. Je vous propose donc de cultiver votre sens de l'humour car c'est ainsi qu'on désamorce et qu'on dédramatise de nombreuses situations qui ne nécessitent pas de se mettre la rate au court-bouillon, si vous me permettez cette expression. L'humour est un puissant mécanisme de défense contre l'angoisse. Il permet de contourner l'anxiété et il rend la vie tellement plus gaie !

Dans le même esprit, je vous invite également à cultiver l'art du détachement, car nous ne sommes pas obligés de consommer systématiquement notre énergie personnelle à tout propos. Nous pouvons accueillir les événements avec plus de neutralité. Nous pouvons renoncer à nous disputer et choisir d'être indifférents à ce qui n'est pas essentiel. Nous pouvons choisir nos batailles et nos priorités. Cela fait du bien !

Par ailleurs, se déconnecter régulièrement des réseaux sociaux est une question de survie, surtout si nous voulons conserver un peu de « temps de cerveau disponible » pour notre propre vie. Je reconnais volontiers que les réseaux sociaux ont des aspects très sympathiques, ils permettent de rencontrer des gens que nous n'aurions pas forcément rencontrés autrement, et permettent d'exprimer sa créativité. Mais ils nous incitent aussi à nous comparer aux autres et renvoient parfois beaucoup d'agressivité, sous couvert d'anonymat. Cela peut entraîner de l'anxiété, des bouffées d'angoisse, de la déprime et une baisse de l'estime de soi. Quand on s'implique dans des débats stériles sur les réseaux sociaux, cela peut générer une forte anxiété. Il est toujours bon de questionner nos propres pratiques sur les réseaux sociaux et il est toujours temps de faire évoluer nos habitudes.

Quand on désire modérer son anxiété, il existe un autre point important. Il s'agit du désir de contrôle, très présent chez les personnes anxieuses. Il y a tant de choses dans ce monde que nous ne contrôlons pas ! Nous ne contrôlons pas le comportement et les décisions des autres, la météo, le trafic routier, les décisions du gouvernement, ou d'autres événements qui se produisent au cours d'une journée. Mais nous pouvons prendre de la distance et modérer la façon dont ces éléments nous affectent. Nous pouvons décider de voir les choses d'une autre manière. Nous pouvons choisir nos actions et les mots que nous employons pour nous exprimer. Nous pouvons choisir nos propres priorités. Nous pouvons décider de nous impliquer ou de ne pas nous impliquer dans une situation... Par exemple, on ne contrôle pas ce qu'écrivent les autres sur les réseaux sociaux, mais on peut choisir de ne pas s'impliquer dans des débats stériles et de passer son chemin. Quand on accepte de ne pas tout contrôler, on se déleste d'un grand poids ! C'est un pas vers la liberté !

L'anxiété peut prendre la forme d'idées catastrophistes. On imagine le pire, on extrapole, on brode, on se dévalorise, on ne retient que le négatif, on noircit le tableau, on a des ruminations... Cela accroît l'anxiété et c'est souvent paralysant ! La « catastrophisation » est un filtre de distorsion cognitive qui se manifeste fréquemment quand on est sujet à l'anxiété. C'est un raisonnement basé sur la construction du pire scénario. Or, la plupart du temps, le vrai problème n'est pas la situation en elle-même, c'est ce que l'on imagine de la situation. En psychothérapie, je propose à mes patients de travailler sur leurs peurs et de modifier le scénario catastrophe, grâce à la restructuration cognitive. La restructuration cognitive consiste à repérer ses schémas de pensée, à modifier son raisonnement, à remplacer ses idées catastrophistes par des idées plus saines, plus rationnelles et plus adaptées, et à porter son attention sur le moment présent et sur l'action. Comment ?

Partons d'une pensée catastrophiste : « je vais échouer à mon examen ». Examinons ce scénario catastrophe qui pourrait se réaliser si on ne révise pas, si on fait des impasses sur certains chapitres, si on ne se présente pas à l'examen... Évidemment, cela ressemblerait fort à de l'autosabotage qui validerait le postulat de départ « je vais échouer à mon examen ». À cette étape, je propose de rationaliser ! Si nous mettons notre émotion de côté et considérons les faits avec objectivité, il est peu probable que ce scénario catastrophe se produise, à moins que nous ne tombions gravement malade la veille, ou le jour de l'examen. Nous pouvons également trouver une autre fin à cette histoire. Je pense que quand on a suffisamment d'imagination pour produire un scénario catastrophe, on a aussi de l'imagination pour écrire une belle histoire dans laquelle on travaille dur et on réussit. À l'étape suivante, je propose de passer à l'action. Il est temps de réviser sérieusement, de prendre soin de sa forme physique et mentale, de préparer son sac la veille de l'examen, de partir à l'heure... Le meilleur moyen d'apaiser son anxiété est de réviser sérieusement et de visualiser un scénario de confiance.

Gardons en tête qu'une peur peut en cacher une autre ! L'objet d'une peur n'est pas nécessairement la cause profonde de l'anxiété. L'objet d'une peur peut dissimuler une autre angoisse et révéler un autre problème. La pensée catastrophiste : « je vais échouer à mon examen » peut dissimuler un syndrome de l'imposteur, une estime de soi très fragile, une peur de réussir, etc.

L'ANXIÉTÉ SOCIALE

Quels sont les symptômes physiques, cognitifs, comportementaux et émotionnels de l'anxiété sociale ? Le trouble de l'anxiété sociale est une peur chronique du regard des autres, que ce regard soit réel ou imaginé. En d'autres mots, c'est une peur chronique des interactions sociales et des situations de performance, lors desquelles une personne pourrait se sentir observée, scrutée, évaluée, jugée, embarrassée, gênée, ou rejetée. On parle de « trouble » à partir du moment où la personne expérimente certains symptômes physiques, cognitifs, comportementaux et émotionnels. C'est bien plus que de la timidité.

Les symptômes physiques sont une vision brouillée, le visage qui rougit, une sensation d'oppression de la poitrine, des troubles digestifs, des tremblements, l'accélération du rythme cardiaque, des tensions dans les muscles, des sifflements dans les oreilles, un souci pour respirer correctement, des fourmillements, un étourdissement, la dépersonnalisation, la déréalisation, des vertiges, des frissons et une sensation de froid, des nausées, la voix qui tremble, la bouche sèche, la migraine... On ne ressent pas nécessairement tous ces symptômes en même temps, ils peuvent apparaître individuellement. Ils peuvent aussi apparaître sous la forme d'une crise d'angoisse. Pour certaines personnes, les symptômes sont très sévères et peuvent dériver jusqu'à une attaque de panique, qui est le paroxysme d'une crise d'angoisse.

Les symptômes cognitifs sont des croyances et des pensées très négatives au sujet de soi-même et des autres et de ce qu'ils pourraient penser. Une personne sujette à l'anxiété sociale est particulièrement sujette à des biais cognitifs qui l'amènent à déformer la réalité des faits. Elle subit aussi des pensées intrusives négatives au sujet d'elle-même et des autres, et des pensées catastrophistes.

Il existe également **des symptômes comportementaux**. Une personne sujette à l'anxiété sociale organise sa vie autour de son anxiété sociale. Elle fait en sorte d'éviter le maximum d'interactions sociales. Elle fait des choix de vie basés sur ses peurs, et non basés sur ce qu'elle désire vraiment faire. Par exemple, elle ne va plus en cours. Elle ne postule pas à un travail. Elle ne sort plus avec ses amis. Elle se retrouve isolée et désocialisée. Elle renonce à beaucoup de choses qui semblent très banales et ordinaires aux yeux des autres. Ou bien... elle fait ce qu'elle a à faire, elle sort régulièrement de sa zone de confort, mais au prix de beaucoup d'efforts ! C'est toujours très éprouvant pour elle ! Par exemple, une sortie au restaurant provoque de la souffrance. Si elle ne se sent pas bien quelque part, elle fuit.

Quant aux **symptômes émotionnels** de l'anxiété sociale, ils sont nombreux ! Une personne sujette à l'anxiété sociale a souvent une estime de soi fragile et une conscience de soi ébranlée. Elle peut avoir tendance à avoir honte d'elle-même et de ce qu'elle fait. Elle éprouve un malaise intérieur intense. Elle peut subir des sensations de déréalisation (l'impression que la réalité n'est pas réelle) et de dépersonnalisation (l'impression d'avoir son esprit détaché de son corps et de flotter à côté).

Lorsqu'elle est obligée de participer à un événement, elle subit la triple peine : elle souffre avant, pendant, et après l'événement ! Avant l'événement, elle ne dort plus, elle rumine, elle s'angoisse. Pendant l'événement, elle vit un calvaire, elle a envie de se cacher au fond d'un trou, elle aimerait être transparente et passer inaperçue. Elle a l'impression de dire des idioties et d'être mal jugée par les autres. Après l'événement, elle rumine, elle refait le film dix fois, elle s'en veut, elle a honte d'elle, elle est convaincue d'avoir été ridicule, d'avoir tout raté et de ne pas avoir été à la hauteur de l'événement. C'est très difficile. Il existe un lien entre anxiété sociale et estime de soi. Une personne en proie à l'anxiété sociale n'est probablement pas à l'aise avec elle-même et a tendance à se dévaloriser. Elle pense qu'elle n'est pas assez bien, qu'elle n'est pas à la hauteur, qu'elle est ridicule... Sa perception d'elle-même et des autres est déformée. C'est vraiment dommage.

LA SOURCE DE L'ANXIÉTÉ SOCIALE

La source de l'anxiété sociale pourrait être innée et héréditaire, pour certaines personnes qui auraient un terrain génétique favorable et qui auraient naturellement tendance à avoir davantage peur de la nouveauté et de l'inconnu que d'autres personnes. Ces personnes auraient un système nerveux orthosympathique (ou « sympathique ») hypersensible. En d'autres mots, ces personnes auraient tendance à être plus stressées face à la nouveauté et à l'inconnu que d'autres personnes. Elles seraient hypersensibles à la nouveauté et à l'inconnu. Toutefois, avoir une prédisposition naturelle à l'anxiété sociale ne garantit pas qu'un enfant va nécessairement devenir un adolescent ou un adulte phobique social ! Cela dépend également d'un contexte particulier ou d'un événement particulier.

L'anxiété sociale repose aussi sur des peurs comme la peur d'être vu, entendu, évalué, jugé, critiqué, regardé, moqué ou harcelé ; la peur de parler à des vrais gens (et non à ses abonnés ou à des contacts virtuels) ; la peur d'être différent, d'être ridicule ; la peur de la honte sociale ; la peur de l'inconnu et la peur du changement ; la peur d'être hors de chez soi et d'être hors de sa zone de confort ; la peur d'avoir peur ; la peur d'être dans une situation à risques ; la peur d'avoir des défauts physiques (la dysmorphie corporelle).

Ces peurs peuvent reposer sur des faits récents ou sur des faits lointains qui continuent de faire souffrir. Par exemple, un trauma qui n'a pas été intégré. Ces peurs peuvent être l'héritage d'une éducation dévalorisante. On peut travailler sur ces faits anciens ou récents. Ces peurs peuvent être irrationnelles, si elles ne reposent pas sur des faits concrets et si elles sont le fruit d'un biais cognitif ou d'un filtre émotionnel. On peut travailler sur tout cela et apprendre à rationaliser. Ces peurs peuvent être le fruit d'un conditionnement et de (mauvaises) habitudes. Par exemple, quand on passe sa vie sur les réseaux sociaux ou dans les jeux vidéo, on peut perdre l'habitude de parler à des vrais gens dans la vraie vie. Les interactions sociales dans le monde extérieur peuvent sembler menaçantes. On peut se sentir décalé. Ces peurs peuvent être le fruit d'un trouble de l'image, comme des complexes physiques importants, ou comme la dysmorphie corporelle (que l'on appelait auparavant la dysmorphophobie).

Ces peurs sont légitimes. En revanche, je vous assure que l'anxiété sociale se traite. Au prix de beaucoup d'efforts et de travail, c'est certain ! Car il n'existe ni potion magique, ni formule magique. Mais on peut s'en sortir. On peut apprendre à raisonner différemment et surtout on peut décider d'agir, tout en ayant peur ! Nous ne sommes pas obligés d'obéir à toutes nos peurs, surtout si celles-ci sont obsolètes depuis longtemps, ou si elles nous empêchent de nous réaliser pleinement. Nous pouvons également choisir de regarder nos peurs en face et d'agir malgré tout !

ANXIÉTÉ SOCIALE, TIMIDITÉ ET INTROVERSION

L'anxiété sociale peut également être liée à une forme de timidité extrême et d'introversion. Cependant l'anxiété sociale n'est pas une simple timidité ou un simple trac, elle va bien au-delà ! La timidité n'est pas un trouble, mais elle peut être un point de départ à l'anxiété sociale, surtout si une personne a vécu une succession de mauvaises expériences liées à sa timidité et quand tous ses choix de vie sont réalisés en fonction de sa timidité. Celle-ci peut devenir un « trouble de l'anxiété sociale », quand le regard des autres est perçu et évalué comme étant jugeant, menaçant, moqueur, insistant, désapprobateur, inquisiteur, évaluateur... Cette personne est convaincue que les autres l'observent et la perçoivent négativement. Elle se sent observée et jugée, même lorsque personne ne fait spécialement attention à elle ! Le regard des autres est très difficile à supporter. D'ailleurs, leur simple présence la déstabilise et la gêne horriblement. Son trouble déforme la réalité...

La présence et le regard des autres sont si angoissants qu'elle cherche à les éviter, dans la mesure du possible.

Quant à l'introversion, c'est un caractère, pas un trouble ! Les personnes introverties ne souffrent pas intensément comme les personnes sujettes à l'anxiété sociale. La timidité ou l'introversion peuvent être des facteurs favorisants le trouble de l'anxiété sociale, mais il faut qu'il y ait d'autres facteurs.

TÉMOIGNAGE

Estelle et la peur de s'exprimer en public

« Depuis toujours, je suis très timide. J'étais la petite fille qui piquait un fard dès qu'on l'interrogeait, celle qui avait systématiquement la mention "excellente élève mais devrait participer davantage à l'oral" dans ses bulletins scolaires, la jeune fille qui était incapable de passer un coup de téléphone pour commander une pizza. Et d'ailleurs, cette petite fille, c'est toujours moi. Mais j'ai refusé d'en souffrir, refusé d'en faire un handicap et surtout refusé que cette peur de m'exprimer en public m'empêche de m'orienter vers mes valeurs personnelles. J'ai commencé par faire des petits boulots quand j'étais étudiante : j'essayais de m'imposer et de faire entendre ma voix à un groupe d'enfants dont je m'occupais, je répondais au téléphone toute la journée pour orienter des clients... Puis pendant mes études, j'ai passé de nombreux oraux pour intégrer des masters, puis au début de la vie professionnelle, je passais des entretiens d'embauche... J'avais toujours cette peur de bafouiller, de rougir, de paraître ridicule et incompétente, mais, avec le temps et l'expérience, j'étais plus à l'aise et j'étais heureuse à chaque réussite.

Et puis, mon activité professionnelle s'est intensifiée, j'ai commencé à avoir de l'expérience et le désir de transmettre. On m'a proposé de donner des cours, puis une conférence. Les cours se passaient très bien, mais la conférence était beaucoup plus laborieuse pour moi. J'étais à côté d'un grand psychiatre très connu, j'étais impressionnée et j'avais la sensation de perdre mes moyens. Je me disais que c'était un désastre, mais on m'assurait que non. Peu de temps après, on recherchait des intervenants

> dans le cadre d'un congrès. Le thème me passionnait alors je me suis jetée à l'eau et j'ai proposé mon intervention. J'ai choisi d'affronter ma peur. Non, je ne voulais pas subir! Je refusais de me limiter dans ces activités importantes à mes yeux. Cela n'allait pas être facile, j'allais certainement avoir le cœur qui battrait à grande vitesse, les joues rouges et la voix tremblotante mais je serais moi-même, au plus proche de ce que je voulais vraiment ! »
>
> **Estelle Becquet, psychologue clinicienne et sexologue**
> **@sexo_theory**
> **www.psychologuesexologuecannes.com**

LA PHOBIE SOCIALE

La phobie sociale est la forme intense du trouble de l'anxiété sociale. On peut parler de phobie sociale lorsqu'une personne décide de ne plus sortir de chez elle, tant se trouver en présence d'autres personnes, ou imaginer qu'elle pourrait l'être, est un supplice pour elle, et lorsque tous les symptômes que j'ai expliqués précédemment sont présents. C'est invalidant dans la vie de tous les jours.

D'autres phobies liées à la honte et la peur d'être malade en public peuvent se greffer à l'anxiété sociale et transformer celle-ci en phobie sociale. L'agoraphobie est la peur de se trouver dans un espace clos comme un ascenseur, une salle de concert ou un transport en commun, ou dans un espace ouvert dont il serait difficile de sortir, comme un concert en plein air, l'autoroute... C'est l'idée d'être piégé quelque part qui est insupportable. L'éreutophobie est la peur de rougir. L'émétophobie est la peur de vomir.

D'autres personnes sujettes au syndrome de l'intestin irritable ou à la maladie de Crohn ont souvent peur d'avoir une crise intestinale hors de chez elles. C'est une véritable préoccupation qui demande une organisation et qui provoque beaucoup d'anxiété.

TÉMOIGNAGE

Karine et la peur d'être malade en public

« La peur qui m'a poursuivie depuis l'adolescence est encore trop méconnue et cachée. Elle est pourtant plus répandue qu'on ne le croit. Il s'agit de l'émétophobie, mot grec signifiant "la peur de vomir".

Elle s'est manifestée quand j'avais 13 ans. Deux événements m'ont marquée : un jour où je rentrais du collège, le jeune homme qui marchait devant moi s'est arrêté brusquement et s'est mis à vomir. Cela m'a paru interminable, un énorme haut-le-cœur s'est emparé de moi. Quelque temps plus tard, je me suis réveillée en pleine nuit pour vomir et n'ai pas eu le temps d'atteindre les toilettes. Ma mère était très en colère contre moi, ce qui ne lui arrivait jamais. À partir de ce jour, j'ai eu peur de recommencer et de la fâcher à nouveau.

Dès que j'entendais quelqu'un tousser, ou que je voyais quelqu'un se pencher en avant d'un coup, j'étais persuadée que c'était pour vomir. Je me tenais alors prête à fuir, de peur de vomir à mon tour. Les épidémies de gastro-entérite m'ont toujours bien plus inquiétée que les autres. Dans ces cas-là, je me lave les mains sans cesse. Le gel hydroalcoolique est mon compagnon au quotidien depuis plus de vingt ans. Si j'oublie de l'emporter, j'en achète en urgence ou fais demi-tour. Je dois reconnaître que je suis plutôt rassurée d'en voir partout à disposition désormais. Les fêtes trop arrosées provoquent en moi la même crainte : voir quelqu'un vomir sous mes yeux.

Avant de tomber enceinte j'appréhendais d'être sujette aux nausées, ou pire : à l'hyperémèse gravidique (vomissements incoercibles et très fréquents). Heureusement j'ai juste été écœurée par certaines odeurs ou aliments. Si j'avais eu des vomissements, je ne sais pas si j'aurais eu d'autres grossesses.

Alors, comment ai-je réussi à vaincre mon émétophobie, ou du moins à la vivre sans que cela soit handicapant ? J'en ai parlé à mon psychologue. Pour lui, la réponse était simple : elle est liée à un événement que j'ai voulu enfouir au fond de moi, et ne pas

> laisser sortir. Il s'agit de la mort d'un proche quand j'avais 5 ans. Pendant très longtemps je n'en ai parlé à strictement personne, même pas à mes amis. Puis j'ai eu besoin de le faire quand je suis devenue maman. Mon psychologue avait raison : depuis que j'ai pu verbaliser cette blessure, ma phobie s'est dissipée. Je peux à nouveau sortir sans avoir à déployer des stratégies d'évitement. »
>
> **Karine, du blog www.uneparenthesemode.com**
> **@lesparentheseselementaires**

LES RISQUES DE L'ANXIÉTÉ SOCIALE

Le risque de l'anxiété sociale est de rester enfermé chez soi et de se priver de vie à l'extérieur pendant plusieurs années, au point de ne plus aller faire ses courses. L'anxiété sociale est invalidante, car elle peut empêcher une personne de sortir de chez elle, alors qu'elle souhaiterait sortir et vivre comme tout le monde. C'est une vraie souffrance. Une simple sortie au parc occasionne trois heures de préparatifs, à moins qu'on ne finisse par renoncer à sortir. Par exemple, après les confinements, à force de rester enfermés, des gens ont développé une anxiété sociale bien compréhensible.

Le risque est aussi de renforcer son anxiété sociale et sa phobie sociale, car moins on sort, plus on perd l'habitude de se confronter au regard des autres, plus cela semble effrayant, plus on imagine que le monde extérieur est menaçant, plus on a peur de sortir, plus on a peur d'affronter le monde extérieur… C'est un cercle vicieux ! Le risque est de passer à côté d'opportunités professionnelles et d'activités sympathiques. Le risque est de perdre ses amis au fur et à mesure. Le risque est de se replier sur soi-même et de souffrir de solitude. Le risque est de passer à côté de sa vie. Et cela, c'est bien dommage. Le risque est aussi de développer des troubles dépressifs.

Hélas, l'anxiété sociale et la phobie sociale peuvent priver une personne de sa vie sociale, de ses activités, de ses études,

des situations de performance, et parfois de son métier, si elle n'a pas la possibilité de télétravailler. Rien que l'idée de s'exprimer devant des gens lors d'une conférence ou d'entrer dans une salle de réunion alors que tout le monde est déjà assis, la plonge dans l'angoisse ! C'est vraiment impensable ! Elle a peur d'être la risée de tout le monde. Alors, elle a tendance à fuir les dîners en ville, les apéros, les mariages, les cours à l'école, les réunions en présentiel, etc. Une personne sujette à l'anxiété sociale se sent jugée négativement, par principe. Marcher dans la rue est une épreuve pour elle car elle a l'impression qu'elle est bizarre et que tout le monde l'observe.

Cependant, comme elle ne veut pas blesser les gens et passer pour une personne qui reste enfermée, elle peut avoir tendance à accepter les invitations, et à annuler au dernier moment. Elle préfère mentir à ses proches, plutôt que de raconter ce qui lui arrive et de prendre le risque que les gens ne la comprennent pas et la jugent. Elle n'a pas envie d'être stigmatisée, car la santé mentale est encore un tabou en France, même si la crise sanitaire due à la pandémie a permis d'ouvrir le dialogue sur la question. À cet égard, les confinements de 2020 et 2021 ont généralement été des aubaines pour les personnes sujettes à l'anxiété sociale et à la phobie sociale. Du jour au lendemain, les anxieux sociaux et les phobiques sociaux n'ont plus été obligés de se rendre au travail, de prendre les transports, et de sortir pour voir leurs amis, pendant que le reste du monde découvrait l'anxiété.

SORTIR DE L'ANXIÉTÉ SOCIALE ET DE LA PHOBIE SOCIALE

Dans le cas de symptômes sévères, durables et invalidants, les antidépresseurs peuvent vous aider à sortir du trouble de l'anxiété sociale et de la phobie sociale. Mais ils sont une béquille chimique et ne régleront pas vos problèmes d'estime de soi. Il ne faut pas hésiter à consulter votre psychologue et à vous faire accompagner. Les psychothérapies cognitive et comportementales, les thérapies d'exposition douces, et plus généralement, les thérapies intégratives, sont idéales. Sortir de l'anxiété sociale et de la phobie sociale, c'est un long chemin, cela demande des efforts constants, mais je vous assure que c'est possible. Pour cela, il faudra lutter contre ses pensées anxieuses et affronter ses peurs, doucement, petit à petit. Il faudra probablement remonter à la source du problème et ne pas se contenter de ne traiter que les symptômes. Il faudra modifier votre regard grâce à la réévaluation cognitive et à la restructuration cognitive. Il faudra accepter de renoncer à certaines croyances... Par exemple, il faudra probablement accepter l'idée que les autres n'ont pas les yeux braqués sur vous en permanence. Ils sont même généralement indifférents. Le jour où on accepte cela, c'est un grand soulagement ! Habituellement, on parle peu de l'anxiété sociale et de la phobie sociale, car les personnes concernées font justement tout pour passer inaperçues et ne pas attirer l'attention sur leur trouble ! Pour ma part, il me semble important d'en parler.

TÉMOIGNAGE

Betty et la peur du regard des autres

« Aussi longtemps que je m'en souvienne, je me suis sentie à fleur de peau. C'est un grand cadeau de percevoir la Vie et l'Humain avec autant de nuances. Mais, dans mes jeunes années, cela a longtemps été un poids et un obstacle. J'ai été cette jeune femme (trop) empathique, la gentille qui est toujours là pour les autres. L'écoute m'était tellement naturelle que je me retrouvais souvent envahie par les confidences, les secrets de mes proches, et les douleurs des personnes que j'accompagnais dans mon travail. Un jour, j'ai pris conscience que ce qui m'empêchait de me préserver était lié à mes peurs. Des peurs ancrées, presque instinctives, que beaucoup de gens partagent sur cette terre.

Aujourd'hui, j'en ai fait ma spécialité, car j'ai parcouru ce chemin et j'ai dépassé ma peur du regard des autres. J'ai dépassé cette peur qui vous envahit et vous fait faire même des choix de manière automatique : dire oui alors que l'on pense non, ne pas oser prendre les bonnes décisions pour soi. J'ai fait un travail sur moi, et j'ai appris à me poser des questions qui me permettent de dépasser ma peur du qu'en-dira-t-on. Ces questions m'aident, comme un phare dans la nuit, à ne plus m'égarer et à me préserver. Ces questions sont : pour qui je fais ce que je fais ? Est-ce que je réponds à mes besoins ou aux besoins de quelqu'un d'autre ? Est-ce que je réponds à des attentes extérieures, ou est-ce que j'accomplis mes désirs profonds ? Est-ce que je me respecte ?.

J'ai dû aussi apprendre à m'écouter et à poser des limites. Grâce à cela, aujourd'hui, je garde mon empathie et ma compassion, tout en ayant à l'esprit le curseur principal : est-ce que cela me coûte, ou est-ce que cela m'énergise ? À trop donner, on se perd, on se fatigue, et il n'y a plus rien à partager, tant la source d'amour est tarie. Je vous invite de tout mon cœur à vous préserver, pour continuer de briller de votre lumière, unique et extraordinaire. »

Betty Jereczek, psychologue et fondatrice du podcast « Le Cercle des Louves » @blabladepsy

Et si on se laissait la possibilité de rayonner ? Je sais bien que sortir de chez soi et rencontrer de nouvelles personnes, c'est prendre le risque d'être vu, de ne pas être intégré, de ne pas être apprécié, d'être rejeté, d'être déçu, d'être vulnérable... C'est vrai. Mais c'est aussi la possibilité de laisser une chance à la magie de se produire ! C'est la possibilité d'apprendre à connaître ces nouvelles personnes, de croiser notre énergie à la leur, de découvrir des affinités communes, de se sentir proche de ces personnes, de laisser des amitiés naître et grandir... La vie peut être simple ! Comme quand des enfants se rencontrent, font connaissance et décident d'être amis en quelques instants. Après cette crise sanitaire durant laquelle les corps et les esprits ont été confinés, les humains veulent se retrouver et se rencontrer. C'est vraiment le bon moment pour se lancer des défis en société ! Plutôt que de voir nos peurs sociales comme des ralentisseurs ou comme des barrières, il serait plus constructif de les voir comme des avertisseurs. Là où il y a une peur, il y a un potentiel de réalisation. Nos peurs sociales veulent nous aider à nous réaliser pleinement.

Et si on transformait nos peurs en rêves à réaliser ? Tout est une question de formulation. Si on remplace un mot par un autre, le sens d'une peur est tout autre ! Par exemple, si au lieu de dire « j'ai peur de m'inscrire à ce cours », on dit « je rêve de m'inscrire à ce cours », les choses revêtent un tout autre sens. C'est une révélation ! L'horizon est nimbé d'une lumière d'espoir.

Et si on détachait notre boulet ? Si on visualise notre anxiété sociale comme un boulet attaché à notre cheville, on peut décider un jour de détacher ce boulet. Au lieu de traîner notre boulet, on peut imaginer que celui-ci est devenu un ballon que l'on tient par sa ficelle. Nous marchons avec ce ballon, jusqu'au moment où on le laisse s'envoler. Ce jour-là, nous sommes libres et nous créons notre propre chemin. Nous nous autorisons à être une nouvelle personne et nous abandonnons certaines de nos croyances limitantes. C'est merveilleux, n'est-ce pas ?

Quand on désire sortir de l'anxiété sociale, consolider l'estime de soi est essentiel. L'estime de soi est la conscience de notre valeur en tant qu'être humain. C'est la base de tout ! Une personne qui a une estime de soi fragile et considère qu'elle ne vaut pas un clou aura une prédisposition à développer une anxiété sociale, car elle a tendance à ne pas s'attribuer suffisamment de valeur, à craindre le regard des autres, à ne pas être solide sur ses appuis, à se laisser facilement impressionner et perturber par le regard des autres... Il faudrait lutter contre le sentiment de honte sociale. Cela n'est pas grave d'être timide ou d'être maladroit. C'est même amusant et charmant. En réalité, nous sommes souvent notre pire juge. La recherche de la perfection et de la meilleure performance ne devrait pas être un but en soi. Personne n'est parfait et les autres ne sont pas supérieurs à nous. Nous sommes toutes et tous des humains avec des failles. Montrer notre vulnérabilité et nos failles, cela nous rend plus humains. Le jour où on est moins centré sur son nombril, à chercher la perfection et à se demander ce que les autres pensent de nous, cela va beaucoup mieux ! C'est un vrai soulagement pour les anxieuses sociales et les anxieux sociaux.

L'anxiété sociale et la phobie sociale sont comme des maladies chroniques qui n'ont de cesse de gagner du terrain et de grignoter nos libertés, si on ne cherche pas à les stopper. C'est pourquoi je pense que, même après une psychothérapie, il faut continuer de faire des efforts, de réaliser des exercices régulièrement, de s'exposer à ses peurs et de se lancer des petits défis, comme, par exemple, s'inscrire à un jeu télé (alors que c'est quelque chose d'impensable pour une personne qui souffre d'anxiété sociale) ou se rendre à un nouveau club de sport où on ne connaît personne. Il faut continuer de s'exercer à ne plus avoir peur de son propre regard, des autres et de leur regard. Il faut continuer de sortir régulièrement de sa zone de confort et de s'exercer à tolérer les sensations désagréables de la peur.

TÉMOIGNAGE

AMÉLIA ET LA PEUR D'ÊTRE DIFFÉRENTE

« La peur d'être différente m'a longtemps habitée, tout comme la conscience de ne pas être tout à fait comme tout le monde. Pendant des années, je me suis habillée en noir des pieds à la tête... Afin de passer inaperçue et de rendre mes formes et mes cheveux volumineux plus discrets, alors que je rêvais de porter des couleurs. Les gens qui me connaissent aujourd'hui peuvent avoir du mal à l'imaginer. Le jour où j'ai accepté d'être moi, dans toute ma singularité, le jour où j'ai constaté que j'étais bien telle que j'étais, le jour où j'ai décidé de m'apprécier et d'accorder de la valeur à ce que je considérais autrefois comme des défauts, ce jour-là, ma peur d'être différente a disparu. Ce jour-là, c'est le jour où j'ai donné la vie à mon fils aîné. Grâce à lui, je me suis aimée pour de vrai et je me suis sentie à ma place. J'ai pu être celle que je suis vraiment et être pleinement authentique.

Je n'ai plus eu envie de me cacher dans des vêtements noirs. Du jour au lendemain, j'ai adopté le blanc et les couleurs vives. Des chemisiers blancs au rouge flamboyant, du rose au bleu, en passant par le doré et les imprimés voyants, plus rien ne m'a fait peur ! J'ai assumé mon goût pour les pièces fortes, les chemises à lavallière, les robes vintage, les cols claudine, la dentelle, le brillant, les chemisiers victoriens, l'eye liner à paillettes ! J'ai enfin pu exprimer ma fantaisie naturelle au travers de mes vêtements ! La vie est décidément trop courte pour s'habiller triste. Quelle libération ! Je me suis libérée de cette peur de "me faire remarquer en mal", doublée de cette peur de me faire juger négativement. »

Amélia, psychologue et auteure
@amelia. psychologue

MON AVIS DE PSYCHOLOGUE : LA SPONTANÉITÉ

Pour contourner l'anxiété d'anticipation et l'anxiété sociale avant un événement, je vous propose de développer votre spontanéité. Quand on est sujet à l'anxiété (angoisses, anxiété sociale, anxiété d'anticipation, trouble de l'anxiété généralisée...), on a tendance à ruminer et à angoisser pendant des semaines, avant une sortie prévue de longue date. La veille de l'événement, on ne dort pas de la nuit. Le jour même, on annule au dernier moment, parce qu'on se sent réellement incapable de sortir. J'imagine que pour une personne qui n'a jamais vécu cela, cela peut sembler bizarre et excessif. Mais pour les anxieuses et les anxieux, c'est très courant et c'est un vrai sujet de préoccupation. Il y a des personnes qui ne se rendent pas à leur examen à cause de l'anxiété d'anticipation ou de l'anxiété sociale. Elles se privent de ce dont elles ont besoin, plutôt que de sortir faire des courses. Elles annulent leurs rendez-vous professionnels et leurs sorties avec leurs amis. Quel dommage et que d'occasions manquées de passer un bon moment !

Depuis des années, pour certains événements, j'utilise la technique de la spontanéité. J'organise des sorties à la dernière minute, la veille ou quelques heures avant. Le gros avantage de la spontanéité, c'est que nous n'avons pas le temps de tergiverser, de nous poser mille questions, de mettre en route la machine à ruminer et de nous fabriquer une migraine ou une crise d'angoisse. Par exemple, on s'organise le matin avec une amie afin de se retrouver l'après-midi même. On enfile son blouson et ses chaussures, et on part en balade avec les enfants ou avec le chien. On s'inscrit à un cours de danse deux heures avant le cours et on fonce. Cela fait du bien à tout le monde.

Grâce à cette technique, on court-circuite son anxiété, on passe un agréable moment, cela procure de la satisfaction et on est fier de soi d'être sorti de sa zone de confort. C'est un véritable renforcement positif pour le sentiment d'efficacité personnelle. Par la même occasion, on renonce aussi à son désir de tout contrôler. C'est très utile dans les troubles de l'anxiété.

Je me permets cependant de vous avertir que la spontanéité fonctionne avec certaines activités, mais pas avec d'autres. La spontanéité est l'amie des anxieuses et des anxieux, mais on ne peut pas tout se permettre, sur la base d'une impulsion. Il vaut mieux réserver la spontanéité à des activités sans risques pour la santé, pour l'estime de soi, pour la sécurité, pour les finances, etc. C'est une technique parmi d'autres techniques.

LES PHOBIES SPÉCIFIQUES

Une phobie est une peur très forte et incontrôlable, déclenchée par un stimulus particulier et bien identifié : un acte, un animal, un événement, un objet, un insecte, etc. Si une personne sujette à une phobie se trouve en contact avec l'objet de sa phobie, cela entraîne un grand stress, une réaction de panique, voire un malaise vagal et un évanouissement. Dans certaines phobies, le fait de penser à l'objet de sa phobie provoque une sensation de malaise. La phobie débouche logiquement sur des comportements d'évitement. On cherche généralement à éviter de se trouver en présence de l'objet de sa phobie et à éviter que sa phobie se réalise. Certaines phobies sont invalidantes dans la vie quotidienne, comme la phobie sociale, la phobie de l'avion, l'amaxophobie, la germophobie... Grâce à la psychothérapie et à de gros efforts personnels, on peut améliorer la situation et guérir d'une phobie. Mais il existe aussi de nombreuses phobies avec lesquelles on peut cohabiter et vivre heureux toute sa vie, comme la phobie des clowns (à moins de travailler dans un cirque, on n'en croise pas tous les jours). Toutes les phobies n'exigent pas d'être traitées. Le problème survient certainement lorsque notre imagination joue le rôle d'une loupe et grossit les risques et les dangers, jusqu'à ce que nos peurs deviennent invalidantes et nous bloquent. Quand nos phobies se transforment en obstacles à notre liberté, je pense qu'il est temps d'y réfléchir sérieusement !

Parfois, nos peurs se transforment en phobies, à la suite d'une expérience traumatisante et marquante. Dans ce cas, la peur ressentie est intense et incontrôlable. Par exemple, mon fils cadet est sujet à la cynophobie. Il est phobique des chiens, car un chien a sauté sur lui quand il était tout petit. Nous ne pouvons pas entrer dans un magasin s'il y a un chien à l'intérieur et nous changeons de trottoir si nous voyons un chien arriver. Les propriétaires de chiens le prennent souvent très mal. Pour ma part, je comprends très bien mon petit garçon. À hauteur d'enfant, un chien est aussi grand qu'un cheval. De plus, chaque année, des enfants se font attaquer par des chiens. Le risque existe. Pas avec un gentil toutou certes. Mais pour une personne phobique, le risque perçu est décuplé et la peur est incontrôlable. Hélas, les chiens sentent la peur et ont tendance à taquiner les personnes qui ont peur d'eux. C'est sans fin.

Une phobie peut également se déclencher parce qu'on traverse une situation anxiogène n'ayant aucun rapport direct avec l'objet de la phobie. En effet, une peur peut en cacher une autre. Une phobie peut être le signe d'un état anxieux, qui aurait un autre objet que l'objet de sa phobie. Il est parfois plus facile de concentrer son anxiété sur une phobie et de mettre sous le tapis les véritables causes de son état anxieux. Par exemple, du jour au lendemain, une personne peut déclencher une phobie de la voiture et de la conduite, alors qu'elle n'a jamais eu d'accident de voiture. La raison de sa phobie est à chercher ailleurs. Peut-être est-ce parce qu'elle est en train de se faire licencier ? Il est alors « plus simple » pour elle de concentrer son anxiété sur la voiture, plutôt que de se mettre en arrêt maladie.

ANXIÉTÉ ET DÉSIR DE CONTRÔLE

Les personnes qui ont tendance à être anxieuses peuvent avoir également tendance à vouloir contrôler un maximum de choses. Le désir de contrôle intervient comme un moyen de soulager son anxiété. Le contrôle, c'est rassurant... Le problème, c'est qu'on ne peut pas tout contrôler, et qu'il y a toujours des imprévus, alors cela entraîne de l'anxiété. Vous conviendrez volontiers que c'est un cercle vicieux !

Quand on a une tendance à l'anxiété, si quelque chose ne nous convient pas à 110 %, ou si quelqu'un ne se comporte pas de la façon espérée, on peut se crisper et être submergé par le stress. Si le quotidien, une activité ou des vacances ne se déroulent pas selon le plan, cela peut devenir une angoisse épouvantable. Tout changement dans le planning peut sembler intolérable. La première clé est de prendre conscience de ce schéma qui se répète. La deuxième clé est de comprendre que le contrôle n'est souvent qu'une illusion de contrôle. En réalité, il y a des tas de choses sur lesquelles on n'a aucune prise, comme nous l'avons vu précédemment. La troisième clé est d'augmenter son seuil de tolérance à la surprise, à l'inattendu, à la contrariété, à la frustration, de devenir plus ouvert aux changements de dernière minute, à l'imprévu et à la nouveauté, d'apprendre à lâcher prise sur l'incontrôlable comme la météo, le comportement et les goûts des autres, le marché de l'emploi... Nous avons tout à y gagner.

L'ANXIÉTÉ ET LA DISSONANCE COGNITIVE

L'anxiété peut également nous indiquer que nous sommes en état de *dissonance cognitive*. La dissonance cognitive est l'inconfort mental que nous ressentons quand nos actes sont en contradiction avec nos valeurs profondes, quand nous avons en tête deux croyances contradictoires, quand nous sommes tiraillés entre ce qu'on nous demande de faire et ce que nous avons vraiment envie de faire, quand nous savons pertinemment que nous sommes en train de critiquer quelqu'un derrière son dos, de faire du mal à une personne, de commettre un délit ou un acte immoral, ou quand nous allons à l'encontre de nos croyances, nos opinions ou notre idéologie.

L'état de dissonance cognitive est l'inverse d'un état de consistance cognitive. C'est une situation de conflit intérieur dont nous faisons toutes et tous l'expérience, quand nous devons prendre une grande décision, quand nous sommes face à un choix cornélien, quand nous sommes embarrassées d'avoir pris telle ou telle décision, quand nous ressentons de la honte, des regrets ou de la culpabilité, quand nous nous comportons mal à cause de la pression sociale ou de l'effet de groupe, quand nous avons en tête deux croyances contradictoires, quand nous commettons des actes allant à l'encontre de nos croyances, nos opinions ou notre idéologie.

La dissonance cognitive se manifeste par une tension intérieure, de l'anxiété, des angoisses, du stress, de la honte, des remords, des regrets, une faible estime de soi, un fort sentiment de culpabilité, ou un burn out émotionnel…

Généralement, nous cherchons à réduire cette dissonance cognitive par tous les moyens, car nous ne voulons pas souffrir, et, surtout, car nous désirons avoir bonne conscience et « être alignés ». Léon Festinger, père de la théorie de la dissonance cognitive en 1957, a démontré que, contre toute attente, pour réduire notre dissonance cognitive, nous avons tendance à modifier nos valeurs *a posteriori*, plutôt que de modifier nos actes ! Les études montrent que nous nous dirigeons vers les solutions les moins coûteuses psychologiquement pour nous. Ainsi, nous nous expliquons, nous justifions nos actes, nous essayons de rationaliser, nous nous berçons d'illusions, nous retournons notre veste, nous ignorons sciemment des informations qui nous donnent tort, nous minimisons nos actes et leurs conséquences... Nous oublions volontairement, nous sommes dans le déni, nous nous disons que nous n'avons pas eu le choix ou que nous avons été obligés (et parfois, c'est vraiment le cas !)... Nous prétendons que c'est bon pour la santé, nous nous laissons manipuler... Mais, tôt ou tard, nous sommes rattrapés par la réalité, la loi, notre santé, notre conscience ou nos émotions.

Par exemple, Georgette et Georgio annoncent sur Instagram et à leurs proches que leur couple a des valeurs écologiques et veut sauver la planète. Mais en pratique, Georgette et Georgio changent de téléphone tous les six mois, regardent des vidéos pendant des heures sur les réseaux sociaux, achètent des objets et des vêtements fabriqués par des esclaves modernes et des employés exploités, et prennent l'avion très régulièrement. Quand quelqu'un leur fait remarquer que leurs actes sont un peu contradictoires par rapport à leurs valeurs, Georgette et Georgio se trouvent en état de dissonance cognitive et sont anxieux au sujet de leur image. Alors pour réduire cette tension interne, Georgette et Georgio se disent probablement que la planète ne va pas si mal que ça et que ce n'est pas parce que leur couple fait des efforts que cela changera quoi que ce soit. Ils font un don à une association afin de se donner bonne conscience et de préserver leur image de passionarias de la cause écologiste. Dans cet exemple, la dissonance cognitive est produite par l'intervention d'une autre personne (les médias, les *followers*, le grand public...) et par la peur de nuire à son image.

Les études montrent que plus nos valeurs sont importantes pour nous, plus le degré de dissonance est élevé après le comportement problématique, et se manifeste par de l'anxiété. C'est pourquoi, quand on est obligé de réaliser un travail en contradiction totale avec nos valeurs, cela peut se terminer par un épuisement émotionnel, par une chute de l'estime de soi, par un burn out...

Mais la dissonance n'est pas toujours négative et source de souffrance éternelle. Nous pouvons également accepter de faire cohabiter deux idées contradictoires dans notre esprit ! C'est un signe de flexibilité mentale et d'adaptabilité. Cela aide à réduire l'anxiété. Nous pouvons accepter de tolérer l'inconfort mental et émotionnel provoqué par la dissonance et essayer de comprendre cet inconfort. Cela nous aide finalement à le réduire. Nous pouvons prendre conscience que tout n'est pas toujours noir ou blanc dans la vie, et qu'il existe cinquante nuances de gris. La vision du monde en « noir ou blanc » est d'ailleurs un filtre de distorsion cognitive qu'on retrouve dans les troubles dépressifs et anxieux. Nous pouvons accepter l'idée que les paradoxes existent et qu'il faut parfois faire des compromis avec soi-même et avec les autres. Nous pouvons penser contre nous-mêmes. C'est stimulant ! Nous pouvons utiliser la dissonance que nous ressentons pour demander pardon, pardonner, faire amende honorable, évoluer, grandir, aller vers davantage de consistance cognitive... Et surtout, nous pouvons décider de modifier notre comportement, si nous estimons que celui-ci n'est pas à la hauteur de nos valeurs et de nos ambitions. Nous pouvons accepter de ne pas avoir toujours raison et de modifier nos comportements problématiques, si ceux-ci sont vraiment gênants par rapport à nos valeurs.

CHAPITRE IV
La peur dans la société

LA PEUR DE L'INCONNU, UNE PEUR MONDIALEMENT PARTAGÉE

Nous avons peur du réchauffement climatique, de nos pertes des repères, de la crise économique, des inégalités économiques, de la montée de l'ultra-violence, de la chute sociale et de la pauvreté, des autres, de l'inflation, de la perte de sens dans le travail, du terrorisme, du communautarisme religieux, de la globalisation, de la guerre, du Covid… Des peurs tenaces se sont particulièrement illustrées ces dernières années : la peur de l'inconnu et de l'incertitude. L'impossibilité de se projeter. Kurt Riezler, un philosophe allemand réfugié aux États-Unis, a déclaré dans son livre *The Social Psychology of Fear* (1944) que, dans les moments de crise, les gens ont « peur de l'inconnu ». Nous avons peur de ce que nous ne connaissons pas et, surtout, de ce que nous ne contrôlons pas. Or, depuis 2020, la pandémie de Covid et la crise sanitaire nous ont plongés au cœur du chaos et de l'incertitude. Dans notre société, un grand nombre de gens dans le monde semblent partager cette peur de l'inconnu et de ne pas pouvoir se projeter, provoquée par la pandémie et les conséquences de la guerre en Ukraine. Par ailleurs, en France se profilent les élections présidentielles de 2022 et nous pouvons constater que l'argument de la peur est largement utilisé par les candidats de tous bords. La perspective des élections de 2022 semble également provoquer de l'anxiété.

Avoir peur de l'inconnu, c'est redouter de ne pas savoir ce qu'il va exactement se produire, de ne pas pouvoir se projeter et de ne rien pouvoir programmer. C'est apprendre que son service ou son entreprise va faire l'objet d'une réorganisation. C'est voir son destin contrarié par un virus incontrôlable et par un conflit. Cette peur de l'inconnu a été unanimement partagée dans le monde entier. Nous n'avions pas connu une telle communauté de destin depuis la Seconde Guerre mondiale.

Pourquoi avons-nous peur de ce que nous ne connaissons pas ? Cette peur de l'inconnu nous renvoie probablement au temps des premiers hommes, une époque de grande vulnérabilité pour les humains, tant par la rudesse des climats que par l'absence de moyens de subsistance, d'instruction, de sécurité et de moyens de communication et de déplacement. À cette époque, tout en dehors de la tribu représentait l'inconnu et celui-ci était nécessairement source de danger. Nous n'avons jamais eu autant de connaissances et d'accès à l'information qu'aujourd'hui, et pourtant, nous avons toujours aussi peur du peu de choses que nous ne connaissons pas encore et, surtout, de ce que nous ne contrôlons pas. Nous ne savons pas tout de l'avenir, dans lequel il réside encore une part de hasard et de naturel. Nous sommes allergiques à l'incertitude. Nous ne savons pas ce que l'avenir nous réserve, et cela nous semble intolérable. Tout ce que nous ignorons et tout ce que nous ne contrôlons pas laisse de la place à notre imagination. La plupart de nos pensées étant essentiellement dirigées vers le négatif, l'anxiété va alors se manifester : nous ressentons de l'appréhension, nous ruminons, nous faisons des insomnies, nous nous informons de manière à donner raison à notre anxiété...

La peur de l'inconnu nous renvoie également probablement au jour où nous sommes nés et où nous nous sommes retrouvés dans un état de grande vulnérabilité et de grande dépendance face aux adultes, dans un monde sans pitié. La peur est un mécanisme adaptatif partagé par tous les êtres vivants de la planète. La peur sert aussi à nous alerter d'un danger ou d'une menace, à nous galvaniser, à nous cacher, à nous protéger et à nous montrer prudents. Si nous n'avions jamais peur de rien, nous nous mettrions en situation de danger réel et nous risquerions notre vie quotidiennement.

Les peurs peuvent se répandre facilement dans la population à cause de la contagion émotionnelle. Les humains ont cette capacité de capter les réactions des autres et de les recopier par mimétisme. Si nous voyons quelqu'un crier et s'enfuir, nous aurons tendance à faire de même, sans même savoir pourquoi. Les peurs se répandent encore plus vite aujourd'hui avec les réseaux sociaux. On parle de «peur virale».

L'INTOLÉRANCE À L'INCERTITUDE

L'incertitude nous renvoie à notre état d'être mortel qui n'est ni omniscient ni omnipotent. Nous ne savons pas tout et nous ne pouvons pas tout. Et cela, nous ne le supportons pas ! Nous voudrions pouvoir tout prédire et tout contrôler. J'imagine que cela explique le succès des religions, des oracles, des tarots et de l'ésotérisme d'une manière générale. Nous aimerions avoir la possibilité de connaître l'avenir, du moment que ce que l'on nous prédit est agréable et que cela ne nous oblige pas à modifier nos habitudes. La phrase « Je ne peux pas me projeter et cela m'angoisse » est une phrase que j'ai beaucoup entendue depuis le début de la crise sanitaire. La période électorale est aussi angoissante. Cette période cristallise la peur et l'anxiété, car nous savons que des choses vont changer, mais nous ne savons pas quoi exactement. C'est l'inconnu. C'est la fin de quelque chose et le début d'autre chose. Nous ne savons pas qui va être élu, ce qu'il va exactement se produire, et ce qu'il va advenir de nous, le peuple. Nous recevons beaucoup d'informations contradictoires, ce qui renforce cette impression de ne rien savoir et de ne rien contrôler.

Chaque jour nous faisons face à l'incertitude : nous ne savons pas toujours exactement ce que la journée nous réserve, ni quelles seront les annonces du gouvernement. Chaque jour, des événements inattendus peuvent se produire. Mais nous n'apprécions pas ne pas savoir. Nous aimerions savoir sur quelle partie du chapitre portera l'examen (évidemment !). Nous voulons savoir le temps qu'il fera demain afin de préparer nos vêtements. Nous demandons à nos hôtes s'il y aura un dress code à leur soirée. Nous apprécions de savoir ce que les autres pensent de nous. Cette connaissance nous rend plus à l'aise et plus tranquilles. Nous désirons pouvoir nous projeter dans l'avenir. Par exemple, beaucoup de personnes souhaitent pouvoir organiser leur plan de carrière sur les cinq années à venir, ou programment leurs vacances une année à l'avance. Or la crise sanitaire s'est éternisée et a rendu difficile, voire impossible, la possibilité de se projeter et a mis à mal notre désir de contrôle. Nous vivons dans l'incertitude et nous aventurons vers l'inconnu. Or la peur de l'inconnu est l'une de nos peurs fondamentales... Généralement, les humains ne supportent ni l'incertitude ni l'inconnu, car l'incertitude et l'inconnu peuvent provoquer de l'anxiété.

Les études montrent que tous les gens n'ont pas la même capacité à tolérer cette incertitude. En d'autres mots, certaines personnes acceptent et tolèrent mieux l'incertitude que d'autres. Les personnes qui ont une tendance à l'anxiété sont particulièrement réticentes à accepter l'incertitude. Au contraire, elles apprécient de pouvoir prévoir et organiser les choses à l'avance. Elles apprécient leur routine qui les rassure, et plus que tout, elles apprécient le contrôle. Ainsi, elles éliminent l'incertitude.

De l'autre côté du prisme, il existe des gens très à l'aise avec l'incertitude, qui n'hésitent pas à partir en vacances au bout du monde avec un sac à dos et des tongs, sans savoir où ils vont dormir.

Généralement, les personnes intolérantes à l'incertitude ne sont pas à l'aise avec le changement : c'est simple, elles n'aiment pas le changement. Elles tâchent donc de l'éviter, dans la mesure du possible. Ces personnes vont alors passer beaucoup de temps à prévoir, à organiser, et à contrôler, ce qui risque d'augmenter leur charge mentale et d'occasionner de l'anxiété à l'idée que les choses ne se déroulent pas exactement comme elles l'ont prévu. Généralement les personnes intolérantes à l'incertitude recherchent les conseils et l'approbation de leurs proches avant de prendre une décision, car elles ont peur de se tromper. Elles font de nombreuses listes et des prévisions. Elles ont des kilos de denrées alimentaires dans leur garage, au cas-où. Elles sont très organisées. Elles relisent plusieurs fois leur travail. Elles envoient des SMS à leurs proches pour vérifier. Elles peuvent avoir du mal à déléguer des tâches à la maison et au travail. Elles essayent d'anticiper. Ces comportements prennent du temps et de l'énergie.

Dans l'absolu, il n'y a pas de mal à ne pas tolérer l'incertitude. Nous faisons ce que nous pouvons pour nous accommoder de la réalité. Cela peut passer par de la prévision, par des routines, par des listes et par une solide organisation. Cependant, celles-ci sont efficaces du moment qu'on ne s'enferme pas dedans et que l'on garde une place pour l'inattendu, la spontanéité et la surprise. Car la vie quotidienne est pleine de surprises et comporte de nombreux moments où on ne contrôle pas ce qui pourrait se produire ! Car avec les enfants, ce qui est vrai un jour ne l'est plus le lendemain et il nous faut nous adapter très rapidement. Car dans une entreprise, les choses changent sans arrêt (la hiérarchie, le marché, les équipes...). Car nos proches ont le droit d'évoluer dans leur vie et dans leur façon d'être, et il nous faut l'accepter. Car il existe beaucoup de choses que nous ne pouvons pas contrôler, comme le comportement des autres, les choix des autres, la météo, etc. Car si nous nous figeons et si nous faisons de la résistance au changement, c'est nous qui risquons de souffrir. Car le monde continue de tourner, quoi qu'il arrive. Il est vraiment dommage de se priver de certaines sorties et de certaines activités qu'on aime, parce qu'on a peur de l'inconnu et du facteur X. Tout d'abord parce que l'inconnu et l'incertitude font entièrement partie de la vie et qu'on ne peut les éviter. Mais aussi parce que l'inconnu et l'incertitude peuvent également déboucher sur de belles surprises, de superbes rencontres et de bonnes expériences qu'on ne regrette pas d'avoir vécues ! De plus, lorsque nous augmentons notre tolérance à l'incertitude et que nous apprenons à accepter une certaine dose d'inconnu et d'incertitude dans notre vie, cela nous aide à faire diminuer notre anxiété. Et cela, c'est toujours plaisant, non ?

Comment faire ? Lorsque nous faisons face à une situation incertaine, comme passer un examen, laissons-nous une chance et une possibilité d'essayer. Agissons comme si on ne craignait pas l'incertitude des sujets d'examen et des résultats, des révisons, concentrons-nous sur ce qu'on fait et évaluons après ce qu'on ressent. Notre opinion risque fort de changer ! Quelle joie et quelle fierté de s'être lancé dans une activité ou dans un projet et d'avoir dépassé sa peur de l'incertitude !

Les recherches montrent que la capacité à tolérer l'incertitude est très variable selon les individus. Certaines personnes peuvent supporter et accepter de cohabiter avec beaucoup d'incertitude dans leur vie, alors que pour d'autres personnes, c'est tout simplement intolérable. Par exemple, les personnes qui travaillent en free-lance, les indépendants, les artistes et les entrepreneurs sont confrontés à l'imprédictibilité de leur activité et à la variabilité de leurs revenus tous les jours. Les personnes qui ont une faible tolérance à l'incertitude ont tout intérêt à opter pour un emploi salarié ou un emploi de fonctionnaire. Il n'y a pas de bonne ou de mauvaise activité, le tout est de bien se connaître et d'identifier ses priorités. Il me semble essentiel de questionner ses envies également. Il serait dommage de ne faire que des choix guidés par la peur. Qu'en pensez-vous ?

TÉMOIGNAGE

LÉONE ET SES PEURS

« En tant qu'artiste, la peur fait partie intégrante de ma vie. Mon métier consiste à me faire voir, me faire entendre, me faire aimer, être validée, inspirer, convaincre... Et la passion rend la perspective d'échouer terrifiante. Je peux éprouver de la peur quand je passe une audition, un casting, quand je prépare un spectacle, un tournage ou quand je pense à ma carrière. Je commence tout d'abord par me rassurer en me rappelant que ces angoisses sont tout d'abord la preuve irréfutable que tout cela COMPTE pour moi. Je me focalise alors sur le positif, toujours traduit en action. Mais je n'ignore jamais mes peurs. Récemment, j'ai réagi à une remarque que l'on m'a faite, un homme m'a dit que je me "dévalorisais" car j'exprimais une peur que j'avais au sujet de l'envergure immense et incertaine d'un projet. Je lui ai répondu du tac au tac: "T'ai-je dit que je n'allais pas le faire pour autant? Non. J'ai juste verbalisé le fait que j'avais peur. Mais à aucun moment je n'ai dit que j'allais m'arrêter à cela."

Je considère qu'avouer une peur n'est jamais un aveu de faiblesse, tant que cela n'entrave pas l'action. Bien au contraire. Pour moi c'est une preuve de maturité, de clairvoyance et de capacité de recul sur soi-même et sur ce qui nous traverse. C'est donc une preuve d'évolution. J'ai mille fois plus confiance en quelqu'un qui s'exprime sur ses peurs qu'en quelqu'un qui se défend de "n'avoir peur de rien". Sans le savoir, j'applique dans ma vie un des meilleurs enseignements que Jack Waltzer de l'Actor Studio ait pu me prodiguer. "Tu as peur? Tu es frustrée? Tu es en colère? Tu es triste? Intègre-le. Ça ne sert à rien de le nier, de le cacher, ça existe. Ne fais pas barrage, laisse couler. Laisse cette émotion exister, te traverser, et agis." Quand j'ai peur, j'essaie d'identifier, de verbaliser, de comprendre et d'accepter cette peur, pour mieux l'apprivoiser. Cette peur vit avec moi, alors autant que l'on s'entende bien. Je pense que brusquer ou censurer ses peurs ne les rend que plus agressives. Les intégrer, sans s'endormir dessus pour autant, consacrer son énergie à l'action et non à la résistance contre ses peurs, c'est le meilleur moyen de cohabiter avec elles. Cela aide à les ramener à leur taille légitime, car elles sont bien souvent démesurées, et à passer outre. Agir, c'est se rendre un peu de pouvoir, et c'est déjà tellement satisfaisant! »

Léone Logan, comédienne et metteure en scène
@leone_logan

LA PEUR DE L'INCONNU ET LE BIAIS DE SIMPLE EXPOSITION

Les publicitaires, les influenceurs et les politiques savent bien que les gens ont peur de l'inconnu et de la nouveauté. « L'effet de simple exposition » est un biais cognitif mis en lumière par Robert Zajonc en 1968. D'après ce biais, plus on est exposé à un stimulus, à une personne, à un discours, à un produit, à un service, plus la probabilité que nous appréciions ce stimulus est grande. C'est le principe du matraquage publicitaire à la télévision, à la radio et sur Internet. À force de voir la même publication ou la même publicité sur Instagram, on se découvre un besoin et on trouve très intéressant le produit ou le service proposé. « L'effet de simple exposition » est une stratégie extrêmement puissante, utilisée chaque jour par les influenceuses et les influenceurs, qui ont par exemple rendu « désirable » le port de la cagoule en laine que l'on pensait morte et enterrée pour toujours depuis le milieu des années 1980, simplement en postant plusieurs photos de cagoules ! À force de voir des photos de leurs idoles avec une cagoule, les abonnés finissent par se persuader qu'ils ont besoin d'une cagoule qui gratte, aplatit les cheveux et fait transpirer, et que les cagoules, c'est joli. Souvenez-vous de l'industrie du tabac dans les années 1950. Les cigarettiers matraquaient la population de belles publicités, dont certaines affirmaient que fumer était bon pour la santé ou que fumer donnait du style. Je peux comprendre que ces publicités aient donné envie de fumer aux gens.

Le biais de simple exposition est également utilisé en politique : à force de voir la tête de quelqu'un dans les médias, on finit par se familiariser avec cette personne et la trouver inoffensive et intéressante, alors qu'au départ, on n'est pas du tout en accord avec ses idées. Cette technique est également fréquemment employée par les femmes et les hommes politiques qui martèlent plusieurs fois certaines idées de leurs programmes. Les gens peuvent finir par y croire et y adhérer.

Nous avons peur des idées nouvelles, surtout si celles-ci ne concordent pas avec nos opinions. Nous sommes plus à l'aise avec les idées que nous connaissons déjà. Mais si nous sommes exposés plusieurs fois à quelque chose, cela devient quelque chose de familier. Notre perception et notre point de vue ont de fortes chances d'évoluer positivement. C'est aussi simple que cela !

Je pense qu'il est utile de garder en tête l'existence de ce biais cognitif, avant d'utiliser sa carte bancaire ou de glisser son bulletin de vote dans l'urne. Est-ce vraiment mon choix ? Suis-je vraiment en accord avec les idées, le projet de société et la personnalité de cet homme ou de cette femme ? Ai-je vraiment besoin de ce vêtement, de cet objet connecté, de cette application ou de cette prestation ? Ai-je été influencé par les médias, les influenceurs et la publicité ?

LA PEUR DE CE QUE NOUS CONNAISSONS

Nous, les humains, avons peur de ce que nous ne connaissons pas, car nous ne supportons pas l'incertitude et l'inconnu. Nos peurs peuvent disparaître grâce à « l'effet de simple exposition ». Mais nous pouvons également avoir peur de ce que nous connaissons ou de ce que nous croyons savoir, car nous avons déjà été confrontés à une mauvaise expérience, car nous pensons deviner comment les choses vont se passer, car nous avons été conditionnés, et parce que nous sommes certains que cela nous déplaît. Parfois, nous ne laissons plus de place aux bonnes surprises. Il faut dire que les sensations d'inéluctabilité et de contrainte provoquent de l'anxiété. Quand on « se sent obligé de ». Par exemple, à l'annonce du deuxième confinement en 2020, j'ai pleuré à chaudes larmes. J'appréhendais beaucoup, parce que je savais exactement en quoi consistait un confinement ! Le premier confinement s'était relativement bien passé, bien que nous ayons été confinés en appartement, à Paris, avec nos jeunes enfants. Mais j'avais éprouvé des difficultés à être enfermée, loin de mes parents et à être privée de nature. En effet, pendant le premier confinement, les parcs parisiens étaient fermés et je n'étais pas prête à revivre cela. Il s'est avéré que le deuxième confinement a été finalement plus souple que celui de mars 2020 et s'est déroulé différemment. Mon anxiété s'est estompée quand j'ai vu que les parcs resteraient accessibles et que nous ne serions pas enfermés entre quatre murs. Même en pensant deviner comment les choses vont se dérouler, nous pouvons être agréablement surpris. Finalement, la peur est surtout une question de perception !

LE TRAITEMENT DE LA PEUR DANS LES MÉDIAS, SUR LES RÉSEAUX SOCIAUX ET EN POLITIQUE

Dans les médias et en politique, nos peurs et notre anxiété ont toujours été instrumentalisées. Comment ? Nous avons besoin de catégoriser les gens et les événements, afin de comprendre l'univers qui nous entoure. Nous avons besoin de routine, de sécurité et de rituels. Nous avons vu précédemment que nous avons généralement peur de ce que nous ne connaissons pas. Tout événement imprévu et tout ce qui échappe aux limites de nos connaissances et de notre compréhension peut être facilement perçu comme des menaces et provoquer un sentiment d'insécurité. Vous avez sûrement remarqué que nos peurs, notre anxiété et nos fragilités sont utilisées par les marques, les prestataires de services et les personnalités politiques... Il n'y a rien de plus facile que de manipuler quelqu'un quand on met le doigt sur ses peurs, quand on flatte ses bas instincts, quand on lui propose des certitudes et des solutions « clé en main », quand on lui promet la sécurité et le retour à « la vie d'avant ». Alors que tout évolue, partout et tout le temps !

Nos peurs ont toujours été de bonnes bases sur lesquelles les dictateurs et les leaders politiques ont pu construire leur discours et asseoir leur pouvoir. J'imagine que Donald Trump en est un bon exemple, mais il existe de nombreux autres exemples ! Toutes nos peurs peuvent être utilisées à des fins de propagande politique, de communication persuasive, sur les réseaux sociaux, dans le domaine de la santé et dans la publicité. C'est ainsi que, parfois, on se laisse volontairement aveugler par des discours simplistes sur les réseaux sociaux. On se laisse convaincre par des discours alarmistes, qui accusent « l'autre » et « les autres » d'être responsables de tous nos maux. On se laisse séduire par des « produits miracles » qui nous promettent de répondre à nos peurs les plus intimes et de régler tous nos problèmes. À quand une appli sur les smartphones pour vaincre la constipation...? Je plaisante, mais hélas, il est fort possible que cela existe déjà !

Nous avons peur du noir, nous avons besoin d'être rassurés et d'avoir des certitudes, comme quand nous étions enfants. C'est sur ce point précis que s'appuient les hommes et les femmes politiques, les médias, les agences de communication, les créateurs de start-ups... Il suffit de regarder Twitter (je propose de brûler Twitter) ou une chaîne « d'informations en continu » pendant une heure et de relever le nombre de mots appartenant au champ lexical de la peur. Hélas, des personnes apeurées sont des personnes facilement manipulables. C'est bien le problème. Le thème de la peur a toujours été au cœur des médias et de la politique au XXe siècle et en ce début de XXIe siècle.

En réalité, cela n'est pas toujours grave d'avoir peur. C'est une sensation désagréable, mais cela n'est pas grave en soit ! La peur est une lumière dans la nuit. Ce qui est plus embêtant, c'est de chercher à étouffer cette peur par tous les moyens, quitte à se laisser berner.

La peur de l'autre et la peur des autres ont souvent été provoquées et utilisées dans l'histoire de l'humanité. Nos dirigeants désignent des « boucs émissaires ». Ils jouent sur la peur de l'autre. « L'autre » est désigné comme n'étant « pas comme nous ». « L'autre » a toujours été stigmatisé, dénigré, exclu, malheureusement parfois massacré ou réduit en esclavage. Dans les faits, les autres ne sont pas forcément nos ennemis...

au contraire ! Nous avons souvent beaucoup à apprendre les uns des autres, lorsque nous décidons de remplacer la peur, la méfiance et le jugement, par la curiosité, l'écoute et la bienveillance. Qu'en pensez-vous ?

COMMENT LA PEUR EST FABRIQUÉE DANS LA SOCIÉTÉ

Selon les études, les personnes en proie à la peur et à l'anxiété auraient davantage recours aux stéréotypes, elles seraient plus conformistes et plus attachées aux normes sociales, elles supporteraient moins la différence et seraient moins tolérantes, elles manifesteraient plus de xénophobie, seraient plus nationalistes et auraient une volonté de faire la guerre plus marquée. Face à ce constat, on comprend aisément qu'il suffit de pas grand-chose pour pousser tout un peuple à l'agressivité. Il suffit de lui faire peur et de l'affoler. Par exemple, en faisant des généralités avec des particularités, en lui présentant des fake news et des statistiques biaisées, en lui mentant les yeux dans les yeux, en dissimulant certaines informations et en mettant en avant d'autres informations, en trafiquant des images, en jouant sur les mots, en diffusant des rumeurs, en simplifiant à l'extrême des situations complexes, en proposant des solutions faciles et simplistes à des problèmes compliqués, en prononçant des discours creux, mais exaltés, en jouant sur la sensibilité des gens, en flattant leurs bas instincts, en réfutant des vérités scientifiques et en discréditant les scientifiques, en martelant des slogans jusqu'à ce qu'ils deviennent des « vérités » et en menaçant les gens des pires conséquences s'ils n'adoptent pas le comportement désiré. C'est l'objet de « l'appel à la peur ».

Connaissez-vous « l'appel à la peur » ? C'est une stratégie de communication et une technique de manipulation bien connue des psychologues, car elle a fait l'objet d'études par des chercheurs en psychologie sociale. Cependant, l'appel à la peur est une technique à double tranchant. En effet, la peur est utilisée par les femmes et les hommes politiques, par les publicitaires et par les médias, pour nous manipuler. Utiliser la peur pour convaincre, c'est une célèbre technique de communication persuasive qui consiste à avertir les gens des terribles conséquences qu'ils encourent s'ils ne changent pas de comportement. Cela consiste aussi à culpabiliser les gens, afin de les influencer et de les persuader de suivre des consignes. L'appel à la peur n'est pas toujours une mauvaise chose. Par exemple, dire « Si tu ne te laves pas les mains très régulièrement, tu encours plus risques d'attraper le Covid. », c'est une réalité et une évidence. C'est l'utilisation de l'appel à la peur basé sur des faits scientifiques, à des fins de santé publique.

Mais les agences de communication digitale et de publicité, les tiktokeurs, les instagrammeurs, les influenceurs et les personnalités politiques ne s'embarrassent pas toujours de preuves scientifiques ou de véritables statistiques, pour vendre leurs produits. L'appel à la peur est ainsi fréquemment utilisé à des fins de propagande politique ou commerciale.

L'appel à la peur consiste aussi à associer des conséquences positives et vertueuses à la mise en œuvre de certains comportements. Par exemple, les publicités pour les produits bio nous incitent à acheter leurs produits afin de « prendre soin de notre santé ». De nombreuses marques de vêtements mettent en avant l'argument écologique « afin de prendre soin de la planète », alors que l'industrie de la mode est très polluante et exploite généralement des travailleuses et des travailleurs dans les pays en voie de développement. On appelle cela le « green washing ». Les marques s'achètent une conscience écologique.

Mais cette technique de l'appel à la peur a ses limites et n'atteint pas toujours son objectif. Ainsi, selon certaines études, quand on ressent trop de peur, quand on reçoit un message persuasif trop effrayant, trop choquant, ou trop culpabilisant, quand la communication est outrancière et grotesque, on peut avoir tendance à ignorer le message, à le critiquer, à en rire, afin de réduire la peur et l'anxiété. Par exemple, les gens qui fument cachent leur paquet de cigarettes comportant des photos choquantes dans des étuis spéciaux, et ils continuent de fumer. Les images trop choquantes et trop répétitives et les discours outranciers peuvent nous mettre mal à l'aise, au point de provoquer des mécanismes de défense comme l'évitement, le déni, l'esprit de contradiction, la dérision, ou des comportements désespérés du type « foutu pour foutu » ! Ainsi, au lieu de modifier nos comportements, on ignore le message, on détourne les yeux, on ricane, on cherche sur Internet tout ce qui pourrait confirmer nos croyances (c'est le biais de confirmation), on renvoie la responsabilité à d'autres, et surtout, on résiste aux recommandations !

D'après d'autres études, pour atteindre réellement son but, un message menaçant ou incitant à adopter certains comportements devrait être accompagné d'informations claires, précises et explicites sur l'efficacité des nouveaux comportements. En résumé, la pédagogie et l'incitation à l'action seraient donc plus efficaces que les images choc, les messages trop culpabilisants et les discours outranciers.

LE PARTAGE D'EXPÉRIENCES TRÈS FORTES

Entre 2019 et 2022, nous avons toutes et tous partagé des expériences extrêmement fortes. Les grèves et les manifestations de l'hiver 2019, la pandémie, les confinements mondiaux (le « *lockdown* »), l'arrêt de toutes les activités industrielles et économiques, la fermeture de tous les lieux publics, l'absence de masques pour le grand public lors du premier confinement en mars 2020 et la peur d'attraper le Covid et de mourir à chaque sortie au supermarché, l'enfermement, le désœuvrement, la solitude ou au contraire, les appartements surpeuplés, l'école à la maison, le télétravail, l'énumération quotidienne du nombre de personnes décédées du Covid au journal de 20 heures, les deuils, l'impossibilité d'accompagner ses proches vers leur dernière demeure à cause du Covid, les périodes de maladie et de réanimation pour certaines personnes, les accouchements en solitaire pour certaines, la santé mentale mise à rude épreuve, la vaccination, la banqueroute pour certains d'entre nous, le port du masque dans les commerces, au travail et à l'école, même dans les petites classes, l'absence d'activités culturelles, gastronomiques et sportives pendant de longs mois... Et j'en oublie certainement. Autant d'événements inédits qui ont été sources d'angoisses et de peur. Nous avons eu peur de l'inconnu et de l'absence de visibilité, mais pas seulement. Nous avons eu peur de tomber malade, peur de l'autre, peur de mourir, peur d'aller à l'hôpital, peur d'attraper un Covid long, peur de perdre ses proches, peur de ne pas pouvoir enterrer dignement ses parents, peur de perdre son emploi, peur de voir son activité professionnelle péricliter, peur de ne pas trouver de travail ou de stage, peur de tout perdre, peur de passer le confinement avec une personne avec qui on ne s'entend pas, peur d'être enfermé, peur de la solitude, peur d'être empêché de faire les activités qu'on aime, peur de ne pas voir sa famille, peur d'être privé de nature, peur de voir son couple se briser, peur de voir sa santé mentale basculer, et ensuite peur de ressortir, peur de louper des sorties, peur du vaccin... De nombreuses personnes ont perdu la vie. D'autres ont vu leur vie changée à jamais. Les violences conjugales et les violences des parents envers leurs enfants ont malheureusement explosé. Une guerre a débuté dans l'est de l'Europe...

Dans le même temps, je pense que le fait d'avoir partagé des expériences communes nous a permis d'échanger nos impressions avec d'autres et de ne pas nous sentir seuls dans notre malheur. Le partage social des émotions consiste à partager ses émotions avec d'autres personnes qui ont vécu une expérience similaire à la nôtre, afin de créer du lien, de se sentir moins seul dans ce qu'on a traversé, de valider nos ressentis, de se réassurer et de réguler nos propres émotions. Cela nous aide à réaliser un travail d'élaboration cognitif. Grâce au partage social, nous apportons un nouvel éclairage sur la situation, nous prenons du recul, nous réorganisons nos pensées, nos certitudes et nos représentations sociales, et nous trouvons du sens ensemble.

L'apprentissage vicariant consiste à apprendre des autres, au contact des autres et au travers du récit de leurs expériences personnelles. Les autres, c'est notre famille, nos amis, les personnes qu'on ne connaît pas forcément, les personnalités connues ou les personnages de fiction. Grâce à l'apprentissage vicariant, nous pouvons prendre les autres pour modèles et nous inspirer de leur exemple. Nous pouvons nous exercer à faire les choses différemment. Par exemple, nous pouvons adopter une personnalité inspirante. Une personnalité inspirante est une personne que nous admirons et tenons en haute estime, pour son parcours remarquable, réalisé en dépit des obstacles qu'elle a rencontrés. Il peut s'agir d'une personne connue ou moins connue, une amie, une influenceuse, une personnalité du monde du sport ou du monde médical, notre sœur ou notre frère, notre père, notre mère, notre grand-mère, un personnage historique ou un personnage de fiction. Une personnalité inspirante est un «*role model*», qui véhicule des valeurs fortes, possède une certaine autorité intellectuelle, a un mode de vie inspirant et une réussite exemplaire, et des aspirations se rapprochant des nôtres. Quand on a peur, quand on est confronté à des difficultés, quand on manque de courage, quand on n'a plus d'espoir, nous pouvons nous référer à cette personnalité inspirante. Cela peut être très positif ! Cela redonne de l'espoir en une vie et en des jours meilleurs. Cela nous redonne confiance en nous.

En résumé, partager nos émotions et nos ressentis avec d'autres personnes nous aide à aller mieux et à trouver du sens à ce que nous avons vécu. Nous pouvons également nous inspirer d'autres personnes, dans leur façon d'apprivoiser les événements et leurs émotions.

LA CONTAGION ÉMOTIONNELLE

Le partage social des émotions peut aussi provoquer une émotion collective, dans l'entourage proche ou au niveau mondial, en simultané ou même plusieurs années après. Si on se montre suffisamment éloquent, évoquer certains événements et partager nos émotions avec d'autres personnes nous donne l'occasion de les toucher en plein cœur. Parce que les émotions se propagent et les autres peuvent s'identifier à nous. L'émotion est une matière vivante. La musique, un match de foot, un beau spectacle, une bonne nouvelle, une mauvaise nouvelle, ou une vidéo choquante peuvent également provoquer une émotion collective. Par exemple, les émotions se propagent facilement sur les réseaux sociaux. Une émotion collective peut être source de changement et de progrès social, comme à l'époque de la lutte pour les droits sociaux et de l'assassinat de Martin Luther King, ou après le meurtre de George Floyd par un policier blanc, aux États-Unis.

Ce processus de contagion émotionnelle est hélas également utilisé par des personnalités politiques, des communicants, des dictateurs, des coachs et des gourous mal intentionnés, afin de manipuler les gens. Le partage des émotions et la contagion émotionnelle peuvent tout autant être source de progrès social que de manipulation et de catastrophes.

LE POIDS DE LA RUMEUR DANS LA PEUR

Une rumeur est le phénomène selon lequel une information, avérée ou non, est transmise et diffusée comme une vérité au travers d'une population. Le contenu de la rumeur est véhiculé à l'oral ou à l'écrit sur les réseaux sociaux et dans les magazines, et il est considéré comme vrai, même sans certitude qu'il le soit. De nos jours, une rumeur se répand sur les réseaux sociaux et devient « virale ». Une rumeur, fondée ou non, peut amener un groupe de personnes à protester, à se révolter et à manifester. Elle peut aussi fédérer des gens autour d'intérêts communs. Mais la rumeur est à double tranchant.

Une rumeur peut aussi tuer. C'est un poison très efficace qui ne laisse pas de trace dans l'organisme, puisque, généralement, on ne sait plus comment elle a commencé. Les rumeurs ont un poids dans les phénomènes des peurs collectives et des peurs sociales. En effet, il est facile de créer des peurs et des phénomènes de panique, sur la base d'une information erronée, partiellement vraie, exagérée, non prouvée, ou sortie de son contexte.

LA PEUR ET LES THÉORIES DU COMPLOT

Les théories du complot fleurissent quand les gens ont peur et se sentent en insécurité. Elles sont particulièrement actives depuis quelques années. Une théorie du complot est caractérisée par la recherche de liens de cause à effet fantaisistes entre certains événements, par la suspicion d'être trompé et manipulé par le gouvernement, par la certitude d'être la victime d'une grande machination, par la conviction que la vérité est dissimulée, par des erreurs d'attribution et de causalité, et parfois, par un trouble paranoïaque. Voici un exemple de théorie du complot : « S'il pleut tout l'été, ce n'est pas à cause d'un phénomène météorologique intensifié par le réchauffement climatique. C'est à cause d'une machination ourdie par les vendeurs de parapluie qui sont magiciens et ont le pouvoir de faire pleuvoir. »

LA MENACE DU STÉRÉOTYPE

La « menace du stéréotype » est une situation dans laquelle un individu ou un groupe social se voient attribuer un stéréotype (ou un préjugé) de manière ostensible, et redoutent de confirmer ce stéréotype. Malheureusement, de nombreuses études ont démontré que quand une personne (par exemple, une femme) ou un groupe social (par exemple, les femmes) sont tout à fait conscients de l'étiquette que d'autres personnes leur ont collée (par exemple, cette vieille plaisanterie misogyne : « Femme au volant, la mort au tournant »), ces personnes auront peur d'être évaluée en fonction du préjugé qui pèse sur elles et elles risquent fort de se conformer aux attentes des gens qui ont un préjugé. Lors d'une situation de test ou de performance, elles risquent de confirmer les attentes des autres. C'est une situation compliquée et si courante ! Déjouer le piège de la « menace du stéréotype » demande une estime de soi solide ! En effet, quand on se sent observé d'un mauvais œil et sans bienveillance, il est facile de perdre ses moyens et de confirmer les attentes des gens qui nous observent. J'attire votre attention sur le fait qu'un stéréotype perçu comme « positif » par la personne qui l'émet, peut être perçu comme négatif par la personne qui le subit.

Il n'est jamais bon d'être enfermé dans une catégorie et d'être étiqueté.

CHAPITRE V

La peur et la théorie du chaos

Un événement aussi infime que le battement d'aile d'un papillon peut déclencher une tornade au bout du monde.

LA THÉORIE DU CHAOS ET L'EFFET PAPILLON

La théorie du chaos en mathématiques et en météorologie se définit par une « forte sensibilité aux conditions initiales ». La théorie du chaos, c'est l'hypersensibilité de l'univers. En d'autres mots, si une infime différence intervient dans un système organisé selon certaines conditions, ce système peut évoluer de manière totalement différente et imprévisible, par rapport à ce qui était prévu.

Edward Lorenz, météorologue et professeur au MIT (Massachussetts Institute of Technology) est à l'origine de l'expression « effet papillon ». Il a conçu un modèle atmosphérique et a déduit que l'atmosphère est tout à fait capable d'adopter un comportement chaotique, c'est-à-dire imprédictible. En psychologie, c'est la même chose. Peut-on vraiment faire des prédictions fiables au sujet de quelqu'un ? Dans une fratrie, même les jumeaux monozygotes élevés ensemble par les mêmes parents peuvent évoluer de manière totalement différente, pour une multitude de raisons auxquelles on n'aurait pas pensé au premier abord. Même les frères et sœurs que leurs parents pensent avoir élevés de la même façon peuvent assister au même événement et en avoir une perception, une lecture et un souvenir très différents. Le même événement pourra avoir des conséquences différentes chez les uns et les autres.

C'est ce qu'on appelle « l'effet papillon ». L'effet papillon est l'influence d'un événement, même insignifiant en apparence, sur une situation. Cet événement va causer une réaction en chaîne et provoquer une situation imprédictible. Mais qu'est-ce qu'un événement insignifiant dans la vie d'un être humain..? Qu'est-ce qui fait la différence dans une destinée ? Parfois, c'est le pays dans lequel on vient au monde. Parfois, c'est la parole encourageante d'une enseignante. Parfois, c'est l'apparence physique. Ou l'intelligence. Parfois, c'est un bon choix d'orientation à l'école. Parfois, c'est le choix d'une activité extrascolaire. Parfois, ce sont des parents impliqués et bienveillants. Peut-on vraiment faire des prédictions à long terme, alors que le nombre d'éléments qui composent une existence humaine est pratiquement infini ? La personnalité d'un être humain est complexe et composée de multiples éléments qui s'assemblent différemment selon les gens. Un gène peut être présent chez une personne, mais ne pas s'exprimer, selon l'environnement dans lequel cette personne grandit.

Il y a une infinité de possibilités sur le devenir d'un être humain, en fonction de l'endroit et l'époque où il vient au monde, son genre, son capital génétique et son hérédité, la catégorie socio-professionnelle de ses parents, l'affection et l'attention dont il bénéficie, sa curiosité, sa volonté et sa persévérance, les événements potentiellement traumatisants qui vont l'affecter, sa capacité de résilience, les choix qui vont être faits pour lui et les choix qu'il va faire... Même l'histoire personnelle et familiale de ses parents aura une influence sur la vie de cet individu. C'est pourquoi il est assez hasardeux de prédire de manière fiable et péremptoire quel sera le destin de cette personne, en fonction de l'ensemble des éléments qui ont constitué sa petite enfance et son enfance. On peut prédire certaines conséquences à court terme, mais pas toujours à moyen et à long terme.

TOUT EST POSSIBLE, MÊME L'IMPOSSIBLE

D'après la théorie du chaos, le nombre d'éléments qui composent une existence et dont il faut tenir compte est très important. La vie n'est pas toujours simple et linéaire. Oui, tous les événements que nous vivons ont une influence sur nos vies. Le chaos, c'est l'imprédictibilité des conséquences des événements et de nos choix. C'est le désordre. Les gens qui ont des enfants savent bien que le chaos existe ! Ils savent qu'avec un enfant, ce qui est vrai un jour ne l'est plus le lendemain et qu'il faut s'adapter. Les choses changent en permanence et il faut savoir l'accepter.

De plus, dans ce monde chaotique, nous devons faire des choix chaque jour. Pantalon ou robe ? Voiture ou métro ? Itinéraire A ou B ? Bus ou métro ? Train ou avion ? Restaurant italien ou dînette à la maison ? Plage ou montagne ? Études d'économie ou de médecine ? Télétravail ou présentiel ?... De ces choix découlent des conséquences parfois inattendues et incontrôlables.

Cependant, le chaos fait peur. Car les humains aiment le contrôle et ont un fort besoin de contrôle. Nous sommes intolérants à l'incertitude. Nous voulons nous projeter. Nous aimons encadrer nos existences et désirons que chaque chose soit à sa place. Or, selon la théorie du chaos, tout peut arriver et tout est possible ! La crise sanitaire nous l'a bien montré. Personne n'avait prévu, ni même imaginé, une pandémie et un confinement mondial. Personne n'aurait pensé, hormis les auteurs et les auteures de science-fiction et de fantastique, que nous porterions des masques chirurgicaux dans notre vie quotidienne et que nos enfants de 6 ans feraient leur entrée en CP avec un masque sur le visage. Et pourtant, c'est arrivé !

Cette théorie du chaos présente néanmoins un grand intérêt : puisque tout est possible, nous pouvons modifier notre destin. Nous ne sommes pas condamnés à vivre un destin tout tracé et à nous laisser ballotter par les événements. Nous ne sommes pas condamnés à souffrir toute notre vie, car nous avons la possibilité de nous faire aider et d'activer notre résilience. En vertu du libre arbitre, nous avons le droit de faire des choix en pleine conscience et de prendre des décisions pour nous-mêmes. Nous pouvons également provoquer la chance. Je pense également que nous pouvons tout à fait augmenter notre tolérance à l'incertitude et nous montrer plus ouverts à l'inattendu et à la spontanéité. Cela réduirait notre anxiété.

Selon la théorie du chaos, le désordre et l'imprédictibilité seraient l'état naturel de l'environnement qui serait en perpétuel changement. Et cela, les humains ne le supportent pas. Nous détestons surtout ne pas pouvoir prédire et nous projeter. Nous aimons avoir des certitudes et de la visibilité, à court et à long terme. Ainsi, dans ce monde chaotique, nous cherchons à tout maîtriser et à tout contrôler, car cela nous rassure. Nous évoluons dans une société en perpétuel mouvement, mais nous essayons néanmoins de contrôler un maximum de choses afin d'exorciser notre peur de la mort, ainsi que ce sentiment d'absurdité de l'existence qui peut nous assaillir. Notre existence est un voyage sans garantie dont l'issue est inéluctable. Généralement, nous ne savons pas quand cette issue surviendra. C'est extrêmement déstabilisant pour la plupart des humains. Tout comme la perspective que le monde continuera de tourner sans nous. On ne peut pas prévoir grand-chose à l'avance, ni les problèmes de santé ni les coups durs. C'est effrayant et un peu déprimant aussi...

Cependant, savoir que tout est éphémère et que nous avons un temps assez court à passer sur cette Terre nous pousse peut-être à nous réaliser, à nous accomplir, à écrire notre histoire et à profiter du moment présent. Finalement, tout est une question de perspective. De merveilleuses choses peuvent se produire et vont se produire !

TÉMOIGNAGE

Perrine et la peur de quitter le salariat

« Le jour où j'ai apprivoisé ma peur, j'ai sauté à pieds joints dans l'univers de l'entrepreneuriat, malgré les recommandations familiales et amicales et d'une certaine "raison" qui se voulait sécurisante. Et pourtant, je l'ai fait ! Durant huit ans de salariat, j'ai enchaîné des missions dans des entreprises qui se voulaient "au service des autres", alors qu'elles ne développaient que leurs bénéfices, au travers et au détriment des autres. Puis j'ai eu le désir de créer ma propre manière d'accompagner les personnes. Je souhaitais apporter de la qualité dans mes accompagnements, en mettant l'autre au centre. C'était devenu ma priorité. Ce désir fut aussi accompagné de nombreuses peurs : peur de démissionner, peur de manquer de clients, peur de réussir aussi, peur de ne pas tenir sur le long terme, peur d'être seule, peur de prendre des décisions… Sans parler des peurs des autres qui s'inquiétaient pour moi et tentaient de me dissuader.

Il faut dire que, sur le papier, j'étais plutôt l'outsider du match. Une jeune femme de 28 ans célibataire qui vient d'acheter son appartement en y mettant toutes ses économies et qui doit rembourser seule un crédit sur vingt-cinq ans. Alors je me suis posée ces questions : qu'est-ce que je choisirais, je ferais, je penserais, je dirais, si je n'avais pas peur… d'échouer, d'être ridicule, de perdre… ? Là où la peur m'aurait incitée à l'immobilité, mon cœur m'a incitée à la confiance et au mouvement. Le jour où j'ai apprivoisé ma peur, j'ai écouté la voix du cœur au lieu de celle du mental ! »

Perrine Gaillard, psychologue et créatrice du podcast « Mots de psy »
@mots.de.psy

COMMENT FAIRE FACE À LA PEUR DU CHAOS ET DU CHANGEMENT ?

L'entropie est la tendance naturelle à la désorganisation d'un système. C'est l'illustration de la théorie du chaos. C'est aussi le deuxième principe de la thermodynamique. Selon le principe d'entropie, on postule que tous les systèmes fermés finissent irrémédiablement par se dégrader, se désorganiser et devenir obsolètes. Tous les êtres vivants et les systèmes vieillissent. Les organisations, les humains, les animaux, les véhicules, la plomberie, les routes, les inventions, les habitations changent, vieillissent et subissent une obsolescence programmée. L'environnement subit également l'entropie. Des catastrophes naturelles surviennent régulièrement. Les choses finissent toujours par changer, évoluer, se transformer, parfois s'abimer. Cependant, les changements ne sont pas toujours négatifs et la société évolue parfois de manière positive.

Si le chaos et le désordre sont l'état naturel du monde, nous pouvons cultiver la néguentropie. La néguentropie est le fait de puiser dans notre environnement les ressources dont nous avons besoin afin de nous adapter à cet environnement changeant. En d'autres mots, si nous acceptons de rester ouverts d'esprit et de nous inspirer des personnes qui ont une approche différente de la nôtre, au lieu de ne fonctionner qu'en vase clos avec nos certitudes, alors nous avons la possibilité de nous adapter à notre environnement changeant. La néguentropie tend à maintenir l'ordre et l'organisation dans un système grâce à la capacité d'adaptation à un environnement changeant. C'est peut-être la clé pour limiter la peur et l'anxiété au milieu du chaos !

Nous vivons dans un système chaotique, par définition. Face à ce désordre, nous pouvons faire le choix d'agir comme si de rien n'était, de nous crisper et de résister au changement, mais aussi de nous adapter du mieux que nous pouvons et de cultiver notre flexibilité mentale. Nous pouvons accepter de ne pas tout contrôler, de ne pas tout savoir et de ne pas avoir toutes les réponses. Nous pouvons décider d'accepter de modifier nos habitudes face au réchauffement climatique. On ne peut plus continuer à faire comme si on ne savait rien et comme si tout allait pour le mieux. C'est également pertinent dans le monde du travail : de nos jours, on ne garde plus le même emploi toute sa vie. Désormais, on se forme, on évolue, on se réoriente, on reprend ses études, on cherche davantage de sens à ce que l'on fait. On écoute davantage ses envies de changement.

Comment utiliser l'effet papillon à bon escient ? Selon l'effet papillon, le plus infime changement, le plus petit événement peut être à l'origine d'un grand bouleversement. Par exemple, recevoir un SMS sympathique peut ensoleiller notre journée et nous mettre de bonne humeur, de telle manière que nous serons dans un bon état d'esprit. Nous pouvons utiliser cet état d'esprit pour faire de bons choix, des choix utiles à nous-mêmes et à la société. Nous serons plus enclins à nous lancer dans un nouveau projet. Les études montrent qu'une émotion agréable réduit l'action du biais de négativité. Ensuite, à nous d'essayer de réguler et d'équilibrer nos émotions, de manière à reproduire régulièrement cet état de satisfaction. Nous ne contrôlons pas tout, mais nous pouvons nous efforcer de créer les conditions de notre propre bien-être mental et émotionnel.

COMMENT S'ACCOMMODER DU CHAOS ?

Et si le chaos et l'ordre n'étaient pas opposés ? Et si l'entropie et la néguentropie étaient les deux faces d'une même pièce ? Chaque jour, nous traitons un grand nombre de données et le quotidien nous réserve son lot de désordre et de situations imprévues. Mais ce chaos ne nous réserve pas que des mauvaises surprises. Notre humeur dépend souvent d'un détail qui nous donne le sourire et nous émerveille. On pose les yeux sur un beau paysage. On regarde la jolie bouille de notre enfant. On s'amuse d'une facétie de notre compagnon à quatre pattes. On goûte à un plat délicieux. On papote agréablement avec une copine. On partage un moment de complicité avec notre partenaire. On va à un cours de danse ou à une séance de boxe. Et cela suffit à nous plonger dans un bon état d'esprit et à nous faire nous sentir bien. Nous sommes des êtres sensibles, pour la plupart d'entre nous. Notre humeur peut être très changeante au cours d'une journée ou d'un cycle menstruel. Notre bien-être mental et notre comportement sont aussi dépendants parfois de l'effet papillon. Je pense que lorsqu'on accepte l'imprévu, lorsqu'on devient un peu plus flexible, lorsqu'on ne se braque pas si les choses ne se passent pas exactement comme nous l'avons prévu, la vie devient plus facile et plus agréable.

Généralement, nous cherchons à tout contrôler afin que nos vies soient très organisées, et surtout, très prévisibles. Nous avons un « plan de carrière » personnel et professionnel. Nous prenons nos décisions dans ce sens. Nous désirons à tout prix « nous projeter ». De plus en plus de gens consultent des voyantes afin de connaître l'avenir. Mais nous sommes nous-même des « systèmes chaotiques » dans un système chaotique. En d'autres mots, les humains sont complexes et peuvent changer d'avis. Quant au monde extérieur, il est plein de surprises. Tout change, tout le temps.

Et si nous acceptions le fait que le chaos et l'ordre se succèdent sans arrêt et se complètent, peut-être en aurions-nous moins peur ? Nous aurions peut-être moins besoin de tout contrôler et nous serions peut-être moins anxieux à l'idée de ne pas tout contrôler et de ne pas maîtriser l'avenir. Car, bien évidemment, nous ne pouvons pas tout contrôler.

Quand nous cessons de tout vouloir contrôler, nous sommes plus spontanés. Nous devenons capables de composer avec les circonstances telles qu'elles se présentent et de profiter de l'instant présent, au lieu de ruminer, de pratiquer l'anxiété d'anticipation, ou de vivre dans le regret et la mélancolie. Nous nous posons moins de questions, comme « et si j'avais fait un autre choix, que serait-il arrivé ? Que se serait-il passé si j'étais arrivé plus tôt ? ». Nous acceptons mieux les choses telles qu'elles sont. Nous devenons capables de nous adapter à l'inattendu et de nous détacher, au gré des événements. Qu'en pensez-vous ?

CHAPITRE VI

Le traitement de la peur dans la fiction

LE CHOIX DE LA PEUR

La peur, le suspense et l'épouvante ont toujours occupé une place de choix dans les fictions et les récits. Personnellement, je raffole des œuvres à frissons ! Mais pourquoi choisissons-nous de notre plein gré de regarder des programmes et de lire des romans spécialement conçus pour provoquer de la peur ? Peut-être parce que cela nous permet de ressentir de fortes peurs, sans que cela porte à conséquence à long terme ? Peut-être parce que cela nous permet de mieux comprendre nos peurs ? Ou de les mettre à distance ? Peut-être parce que ces œuvres parlent finalement de nous ! Nous nous retrouvons et nous projetons au travers des personnages, car ils racontent aussi notre histoire, une histoire que nous aurions pu vivre. Il se produit un phénomène d'identification. La fiction développe également notre empathie car nous nous mettons à la place des personnages. Ceux-ci sont souvent des gens ordinaires qui se retrouvent dans une situation exceptionnelle. Nous essayons de comprendre ce qu'ils ressentent et parfois, nous ressentons ce qu'ils ressentent. D'une manière générale, les œuvres de fiction nous en apprennent beaucoup sur nous-mêmes et sur les autres. Elles nous aident à mieux nous comprendre et à mieux comprendre les autres, car elles nous présentent un grand nombre de situations, suivies de diverses réactions. La fiction est une fenêtre ouverte sur le monde.

Nous développons certainement une appétence particulière pour le cocktail d'hormones, à l'effet excitant et exaltant dont je vous parlais déjà au début de cet ouvrage. La peur provoque un pic d'adrénaline, de cortisol, d'endorphines, de sérotonine et de dopamine. Nous savons aussi que la situation est fictive, et qu'en réalité nous sommes en sécurité, alors cela nous permet de ressentir du plaisir ! Enfin, si nous partageons cette expérience en couple ou en groupe, cela renforce la cohésion de groupe et la complicité de couple, car nous produisons de l'ocytocine, l'hormone du lien social.

Les scénarios et les histoires nous permettent également de sublimer certaines de nos peurs et de céder à nos pulsions scopiques, sans que cela porte trop à conséquences. Nous avons toutes et tous notre part d'ombre. L'intérêt est de pouvoir réaliser une vidange émotionnelle qui fait du bien. Nous expurgeons nos angoisses, nos bas instincts, notre tristesse, notre colère, notre envie de vengeance... C'est un défouloir, une catharsis même !

Grâce au cinéma, aux séries et aux romans, nous avons la possibilité de nous transporter dans d'autres univers que le nôtre, de vivre par procuration certaines situations que nous ne vivrons probablement jamais dans la réalité et d'explorer notre imaginaire. C'est cela aussi, la magie du cinéma et de l'écriture ! Au travers des films et des romans d'épouvante, des thrillers, des œuvres d'anticipation, des films catastrophe, des fictions à suspense, nous découvrons des situations extrêmes et très effrayantes auxquelles nous n'avons probablement pas encore été confrontés. Cela nous aide à tester et à apprivoiser nos peurs tranquillement, à l'abri sur notre canapé.

Face à un bon film, une bonne série, ou un bon roman à suspense, on ressent généralement des émotions de peur. Ces émotions ont beau être provoquées par de la fiction, elles ne sont pas fictives pour autant. Ce sont des émotions bien réelles ! Quand les acteurs sont bons ou le roman bien écrit, des personnages prennent vie devant nous. Il se produit une illusion à laquelle on choisit d'adhérer, c'est la magie de l'art! Bien que conscients que les héros sont des personnages de fiction, nous choisissons pour un moment de croire qu'ils sont réels. Les œuvres de fiction font aussi écho à notre capacité de planifier à l'avance: quand on doit prendre une décision, on imagine des scénarios, on fait des déductions, on se projette, on imagine comment on va se sentir et on choisit un scénario. C'est le même principe avec la fiction. Nous sommes face à une histoire dans laquelle nous nous projetons et qui provoque des émotions. Le grand avantage de vivre des émotions au travers de la fiction est que nous avons toujours la possibilité de nous cacher les yeux, de fermer notre livre ou d'éteindre la télé, si le suspense est insoutenable! Au bout du compte, nous savons aussi que tout cela n'est que du cinéma et que les monstres du monde réel sont bien pires que dans la fiction.

LA PEUR RÉCRÉATIVE, UNE EXPÉRIENCE STIMULANTE

Une peur récréative est une expérience mixant peur et amusement, que nous recherchons intentionnellement. Une étude publiée dans *Psychological Science* révèle qu'une expérience de peur récréative, comme le visionnage d'un film d'épouvante ou la visite d'une attraction à sensations fortes, est une expérience agréable, à condition que la peur qu'elle provoque ne dépasse pas un certain seuil. En d'autres mots, pour que l'expérience soit stimulante et agréable, la peur doit être mesurable physiologiquement, mais nous ne devons pas être complètement bouleversés. Or la frontière est mince entre une expérience de peur récréative sympa et une expérience éprouvante. Cette frontière varie selon les personnes, leur sensibilité et leurs expériences passées. Cette étude montre aussi le lien entre l'excitation physique, la peur et l'amusement, dans les expériences de peur récréative. Quand nous vivons une expérience de peur récréative, il se produit une excitation physique. Notre rythme cardiaque augmente, notre organisme produit des substances comme l'adrénaline, le cortisol, les endorphines, la dopamine, la sérotonine, l'ocytocine... C'est l'une des raisons pour lesquelles beaucoup d'entre nous cherchons à vivre ce genre d'expériences de peur récréative !

Marc Malmdorf Andersen, un chercheur de l'université Aarhus au Danemark, et son équipe ont mené une expérience dans une attraction de « maison hantée ». Cette maison hantée, similaire au Manoir de Paris, présentait des mises en scènes particulièrement réalistes et effrayantes, peuplées de fantômes, de créatures sanguinolentes et de zombies. Les participants à l'étude étaient équipés d'un moniteur destiné à enregistrer leur rythme cardiaque. Leurs réactions et leur comportement étaient également observés par les psychologues au fur et à mesure de leur avancée. Après leur visite, les participants devaient évaluer eux-mêmes leur niveau de peur et leur niveau d'amusement. Leurs réponses étaient ensuite comparées aux relevés de leur rythme cardiaque et aux observations des scientifiques. Trois éléments étaient mis en perspective : les ressentis personnels des participants, leurs relevés physiologiques, et leurs comportements observés par les chercheurs pendant la visite de la maison. Les chercheurs ont découvert qu'un certain niveau de peur est nécessaire pour ressentir un amusement maximal au cours d'une expérience de peur récréative, jusqu'à un point précis. Ce point précis de niveau de peur est variable selon les personnes. En deçà de ce point précis, nous ne sommes pas assez stimulés et ne nous amusons pas assez. Au-delà de ce point, l'expérience devient désagréable et éprouvante et on ne s'amuse plus du tout. Une juste dose de peur, mais pas trop, c'est amusant, surtout quand on sait que c'est une mise en scène , et que l'on peut refermer son roman, arrêter le film ou sortir du lieu dans lequel on est !

LE SUSPENSE AU CINÉMA

Le suspense est un moment suspendu entre plusieurs possibilités. C'est un moment d'attente chargé de tension, de peur, d'angoisse et d'anxiété d'anticipation. Cette attente insupportable provoque les sensations corporelles et les effets psychologiques de la peur chez les spectateurs qui suivent les aventures d'un personnage. Nous attendons de savoir ce qu'il va advenir de ce personnage. Parfois, nous ne savons vraiment pas ce qu'il va arriver car plusieurs options sont possibles pour lui. Parfois, nous nous en doutons, parce que nous avons déjà vu le film, ou parce que le scénariste et le réalisateur nous ont mis dans la confidence. Dans ce cas, nous regardons le personnage s'avancer vers une fin tragique et inéluctable, ce qui ne rend pas le suspense moins intolérable, car on aimerait pouvoir aider, interpeler et conseiller le personnage ! Au fait, suis-je la seule à m'adresser aux personnages comme s'ils étaient de vraies personnes..? Je vous avoue que le suspense m'est parfois tellement insupportable quand je regarde un film ou une série que je cherche des infos sur Internet afin d'apaiser mon anxiété. Je m'« auto-spoile ».

Même quand on voit un film plusieurs fois ou que celui-ci est basé sur des faits réels, si l'illusion du cinéma fonctionne bien, on peut s'attendre à un dénouement différent à l'issue d'un moment de suspense. Je vous avoue qu'à chaque fois que je revois le film *Titanic* de James Cameron, j'espère que l'enchaînement d'erreurs humaines et de manque de chance ne va pas se produire, et surtout que Rose va partager son radeau avec Jack... Mais le Titanic coule à chaque fois et le pauvre Jack meurt gelé dans l'eau glacée de l'Atlantique...

Alfred Hitchcock, surnommé « le maitre du suspense », créait le suspense en impliquant le spectateur dans ses films. Ses personnages sont souvent filmés en gros plan, face caméra, et regardent le spectateur droit dans les yeux, ce qui produit un sentiment d'étrangeté et de peur, car on se sent personnellement visé. Hitchcock faisait en sorte que le spectateur en sache davantage que le personnage, afin de renforcer son implication. Ainsi, nous regardons le personnage avancer vers son destin et nous nous doutons que cela ne va pas forcément bien se terminer. Hitchcock avait également recours à d'astucieux montages, ainsi qu'à des mouvements de caméra qui donnent l'impression au spectateur de poursuivre le personnage. Il utilisait le travelling arrière (la caméra s'éloigne du personnage, dévoilant des informations au spectateur), ainsi que le travelling compensé (la caméra s'approche physiquement du personnage, tout en réalisant un zoom arrière, ce qui crée une impression de vertige ou de terreur). Il avait coutume de dire que nous allons au cinéma pour éprouver du plaisir et de la peur, la fameuse « peur récréative » dont je vous parlais.

Dans le film *Destination finale* de James Wong, nous suivons un héros qui a une vision de son avenir immédiat dès le début du film. Dans ce flash, le personnage principal voit que ses camarades et lui vont avoir un terrible accident et perdre la vie. Aussi, il s'efforce de convaincre ses camarades de s'extraire de la situation. Hélas sa prédiction se réalise et l'accident se produit réellement peu après. Ses camarades ont la vie sauve grâce à lui. Mais la « grande faucheuse », la mort, n'a pas obtenu son dû et n'a pas dit son dernier mot, alors elle entreprend d'éliminer un à un les personnages qui lui ont échappés au début du film. Dans ce film, différents thèmes sont traités, comme la culpabilité du survivant, ou la difficulté d'être porteur de mauvaises nouvelles et d'être un lanceur d'alerte. En cela, ce film revisite le mythe de Cassandre qui, dans la mythologie grecque, était une prophétesse dont les prédictions n'étaient ni écoutées ni crues, mais toujours réalisées. Le suspense du film est aussi créé par l'effet papillon. La mort vient cueillir les personnages méticuleusement, dans l'ordre où ils auraient dû disparaitre dans la vision du héros. La mort a un plan méthodique pour chacun d'entre eux et prépare une mise en scène implacable au suspense redoutable. Chaque personnage est victime d'une suite de dysfonctionnements et de petits événements fortuits, qui se suivent, par un sombre hasard, et produisent un accident spectaculaire !

Depuis ce film, j'ai renoncé à me faire opérer de la myopie tant la scène de la jeune femme, entravée par une ceinture et bloquée sur le fauteuil de l'ophtalmologiste, et dont les yeux sont atrocement brûlés par le laser malencontreusement réglé au maximum à cause d'un court-circuit provoqué par une fuite d'eau provenant du distributeur d'eau, m'a marquée ! Le message principal du film est peut-être que nul n'échappe à son funeste destin. C'est notre destination finale. Les personnages essayent de négocier avec la mort, mais à la fin du film, il ne reste personne. *Destination finale* sera suivi de quatre films tous aussi créatifs et réjouissants que le premier.

LES SLASHERS, UN SOUS-GENRE DES FILMS À SUSPENSE

Le « slasher » (du verbe « taillader » en anglais) met en scène un tueur qui élimine méthodiquement ses victimes les unes après les autres avec un objet tranchant. Dans ces films, le tueur n'est pas un zombie ou un être surnaturel, c'est un humain. Il est un redneck issu d'unions consanguines, une victime de la société devenue bourreau à son tour, un enfant harcelé devenu tueur de masse, un type avec une hérédité lourde ou ayant eu des problèmes relationnels avec sa mère… Il incarne ce qui dysfonctionne dans nos sociétés. Le film est construit autour de ce tueur au mode opératoire particulier et au style vestimentaire bien à lui. Le tueur est très reconnaissable, au point de devenir une sorte de figure mythique, tel le grand méchant loup ou le croquemitaine. Il porte un masque comme Michael Myers dans *Halloween*, ou il a le visage brûlé, des prothèses en métal et un pull à rayures rouge et noir comme Freddy Krueger dans *Les Griffes de la nuit*. La particularité du traitement de la peur et du suspense dans les slashers est que le tueur n'est pas caché dans l'ombre, il est même très présent à l'écran. Par ailleurs, on nous présente des personnages sympathiques auxquels on s'attache, mais on se doute qu'ils seront certainement les victimes du tueur. Puis on voit le tueur aux particularités physiques effrayantes harceler ses proies et fondre sur elles, de manière implacable, sans pouvoir les aider.

Le slasher peut être considéré comme un cinéma féministe, quand il dénonce une certaine masculinité toxique et met en avant des survivantes, des héroïnes fortes et courageuses. Rappelez-vous Laurie Strode dans *Halloween*, interprétée par la mythique Jamie Lee Curtis, et de Sidney Prescott dans *Scream*, interprétée par Neve Campbell. Un slasher qui a du succès se voit souvent décliné en franchise, comme la série des *Halloween* de John Carpenter, *Freddy, les griffes de la nuit* de Wes Craven, *Vendredi 13*, *Souviens-toi l'été dernier*, *Scream* ou *Jeu d'enfant* (avec la célèbre poupée Chucky)...

LA PEUR ET LES OBJETS INANIMÉS

Sous-genres du fantastique, les « objets inanimés » sont des poupées, des robots, des jouets ou des peluches qui prennent vie. Ils sont rarement animés de bonnes intentions et sont généralement étranges et maléfiques. Les jouets démoniaques nous fascinent et nous terrifient à la fois.

Pourquoi avons-nous tant peur des objets inanimés qui prennent vie ? C'est presque une question rhétorique, tant ils sont malveillants et activent un puissant mécanisme de peur ! La peur survient car un objet inanimé n'est pas supposé avoir une âme et une existence propre, quand on est adulte du moins ! Les enfants, qui ont un imaginaire très développé et dont la frontière entre la réalité et l'imaginaire n'est pas encore bien fixée, ne trouvent pas étrange de discuter avec leurs peluches et d'avoir de grandes conversations avec leurs petites voitures. Mon fils de 8 ans fait souvent cela et il me dit : « Ne t'inquiète pas maman, je discute avec mes doudous. » Les enfants ne s'imposent pas la même censure que nous, les adultes, et peuvent vivre dans leur propre univers et dans l'instant présent. Les jouets servent de support à leurs histoires, ils permettent de comprendre l'univers qui les entoure, mais aussi de s'échapper de la réalité. Les peluches sont aussi des objets transitionnels, des doudous, qui représentent la permanence et la stabilité affective et permettent aux enfants de supporter d'être éloignés de leurs parents. Les doudous les aident aussi à faire l'apprentissage de la solitude et de la frustration. Les objets inanimés qui prennent vie existent depuis longtemps dans les récits et dans les contes, comme, par exemple, *Pinocchio*.

Toujours est-il que quand un jouet prend vie dans un film, on s'attend à ce que celui-ci soit gentil et sympathique, comme Winnie l'ourson... Alors, quand il s'avère être un tueur en série, c'est forcément déstabilisant, étrange et effrayant ! La poupée ne devrait pas parler, mais elle parle, elle ne devrait pas bouger, mais elle bouge, elle devrait être gentille, mais elle est mauvaise comme la gale ! Cela ne devrait pas exister, mais cela existe. C'est sidérant, cela anéantit nos croyances et c'est contraire à tout ce que nous croyons savoir sur le monde.

Dans les films fantastiques, les objets inanimés comme les poupées ont un visage mignon, mais héritent souvent de l'âme d'un *serial killer*, d'un tueur de masse ou d'un enfant tourmenté. Dans le film *Annabelle*, une jolie poupée de collection ancienne cache une âme noire et s'avère être carrément maléfique ! Le contraste entre l'allure angélique de la poupée et ses actes renforce la terreur et la sidération. Il faut dire qu'un singe en peluche ou une jolie poupée sont supposés apporter de la joie et de l'affection. C'est d'ailleurs ce qu'il se produit au début des films. Mais la confiance, l'innocence et la mignonnerie sont rapidement bafouées et perverties par le jouet. Le rêve se transforme en cauchemar, le sentiment de réconfort se transforme en peur et même en terreur. L'ami devient ennemi. Les parents peuvent se sentir trahis et surtout coupables d'avoir introduit le mal dans leur foyer en offrant une machine à tuer à leurs enfants...

Les objets maléfiques cherchent généralement la vengeance, la destruction et le triomphe des forces du mal... Mais ils désirent aussi nous faire passer des messages et ont souvent une charge symbolique. Ils sont cyniques et pulvérisent le modèle de la famille traditionnelle et la société de consommation, comme Chucky la poupée de sang, dans le film *Jeu d'enfant* des années 1990. La fameuse poupée Chucky est achetée à un receleur par une mère célibataire et à cours d'argent à son fils. Chucky s'avère être une poupée maléfique et transgressive qui a hérité de l'âme d'un tueur en série nommé Charles Lee Ray, en hommage aux célèbres meurtriers Charles Manson, James Earl Ray et Lee Harvey Oswald. La poupée Chucky a une bouille de gentil bambin, mais elle jure comme un charretier, commet des meurtres sanglants et cherche un être humain pour accueillir son âme. Ce film a été inspiré par un épisode de la série fantastique des années 1960, *La Quatrième Dimension*, une série extraordinaire qui explorait les confins de l'étrange. Dans cet épisode, « Living doll », un homme apportait une poupée nommée Tina à la maison, avant de constater que cette poupée était vivante et malveillante, et qu'elle cherchait à faire le mal. Dans le remake de Chucky de 2019, *Child's play : La poupée du mal*, la poupée est un jouet connecté et trafiqué par un salarié désespéré dans une usine chinoise. Le film dénonce les dangers des objets hyperconnectés dans une maison, et peut-être la mondialisation... Dans les films *Puppet master* de David Schmoller, les objets inanimés sont aussi porteurs de messages.

Dans le film *Poltergeist*, réalisé par Tobe Hooper et produit par Steven Spielberg, la maison d'une famille est hantée. Les jouets des enfants sont possédés par l'âme de défunts, dont les tombes ont été recouvertes d'un lotissement, dans une banlieue résidentielle, par un promoteur peu scrupuleux. Les tombes n'ont même pas été déplacées. Les défunts sont fâchés et on peut les comprendre...

Le film *Poltergeist* a la particularité d'être considéré comme « maudit », d'après la légende urbaine, car plusieurs de ses acteurs et des personnes ayant participé au tournage sont décédées mystérieusement.

LA PEUR DES POUPÉES : LA PÉDIOPHOBIE

Les poupées peuvent mettre mal à l'aise et s'avérer carrément terrifiantes, et pas que dans les films ! La peur des poupées porte le nom de « pédiophobie ». Lorsque l'aspect d'une poupée est très réaliste, quand elle a une bouille de chenapan, un visage de petite fille ou de femme, elle nous évoque un véritable être humain en miniature, mais on la trouve jolie et ressemblante... jusqu'à un certain point ! Jusqu'à ce que cette ressemblance nous perturbe et nous amène dans « la vallée de l'étrange ». On peut être mal à l'aise face à tant de réalisme et ressentir une sensation d'étrangeté, car l'imitation ne se comporte pas exactement comme un être humain. Par exemple, une poupée Reborn a beau être hyperréaliste, elle ressemble quand même à un corps sans vie et sans âme. On peut même ressentir du dégout, tant c'est bizarre. Notre perception de la poupée peut ainsi passer de l'attendrissement à la répulsion. L'image de la poupée n'a pas toujours été associée qu'au réconfort, à l'innocence et à la mignonnerie. La poupée suscite aussi des projections étranges et effrayantes. Les poupées de chiffon ou de porcelaine d'autrefois peuvent sembler parfois malfaisantes et malveillantes, surtout quand elles rappellent un peu trop Annabelle ou les poupées vaudou utilisées dans certaines cérémonies.

Les films comme *Dolls*, *Poltergeist*, *Chucky*, *Pupett Master* et *Annabelle*, et les séries fantastiques comme *La Quatrième Dimension* ont participé à développer la peur des poupées. Dans ces fictions, les objets inanimés prennent vie, ce qui est déjà perturbant en soit, mais en plus, ils sont possédés par les forces du mal et commettent des meurtres. Un jouet, qui ne devrait être que joli et procurer du réconfort, est associé à des actes malveillants et au danger. C'est particulièrement perturbant !

Les personnes sujettes à la pédiophobie ressentent des symptômes d'anxiété comme une sensation de peur intense, une difficulté à respirer, une sensation d'oppression de la cage thoracique, le cœur qui s'accélère, une sueur froide, des tremblements, des vertiges, la nausée, si elles pensent à une poupée ou sont en présence d'une poupée.

LA COULROPHOBIE

La coulrophobie est la peur des clowns. Le clown est traditionnellement un personnage grotesque et extrêmement grimé, qui joue des tours et fait des farces dans les cirques et les livres pour enfants. Il est supposé être comique, amuser le public et nous faire rire. Mais du grotesque à l'étrange, il n'y a qu'un pas. On peut être mal à l'aise devant un personnage qui ne dévoile pas sa vraie nature et qui se cache derrière un maquillage outrancier. Les clowns dissimulent leur visage sous un épais maquillage et sous une perruque. On ne voit plus leur véritable physionomie et ils se font passer pour ce qu'ils ne sont pas. Ils exagèrent certaines expressions et, à cause de la couche de maquillage, on ne peut plus décoder leurs véritables expressions faciales. C'est probablement ce qui crée la sensation de malaise et de peur. Car dans la nature, la reconnaissance faciale nous a permis de survivre. Le personnage du clown est vraiment à double tranchant ! Il amuse la galerie grâce à une apparente bonhommie, mais il dissimule sa vraie nature. Il attire et séduit les enfants en leur proposant des ballons et des bonbons. C'est quelque chose qui me met personnellement très mal à l'aise. La peur et la phobie des clowns se sont énormément répandues ces dernières années, à la suite du roman *Ça* de Stephen King de 1986, des films *Ça* sortis dans les années 1990 et en 2020. Dans ces œuvres, le clown Pennywise (Grippe-Sou en français) est un tueur d'enfants cruel et vicieux qui terrorise la ville de Derry dans le Maine aux États-Unis, depuis plusieurs décennies. Grippe-Sou le clown repère les plus grandes peurs des enfants et des adultes, et prend la forme de ce qui fait le plus peur à chacun d'entre eux. Il abuse de la confiance des enfants, il les dupe et devient complètement monstrueux. La plupart d'entre nous avons associé l'image du clown à la monstruosité de Grippe-Sou le clown. La dissimulation et la cruauté de Grippe-Sou le clown m'évoquent aussi le harcèlement sur les réseaux sociaux.

LA PEUR DANS LES ROMANS DE STEPHEN KING

Je préfère vous l'annoncer, Stephen King est mon auteur préféré. J'ai grandi avec ses romans, et ce, depuis que j'ai commencé à les lire à l'âge de 10 ans. L'héroïne de son premier roman, Carrie, est une adolescente solitaire, mal dans sa peau et surtout considérée comme « disgracieuse » et « bizarre » par ses camarades de classe. La pauvre Carrie est le souffre-douleur des autres élèves qui la persécutent, la harcèlent et la rejettent. Le jour où Carrie a ses premières règles, elle a 17 ans et se trouve sous les douches du vestiaire du lycée, après le sport. Hélas, elle n'a aucune idée de ce qui lui arrive, elle fait une attaque de panique et se met à hurler, déclenchant la stupéfaction, le dégoût, la fureur et la moquerie des autres filles. Celles-ci, au lieu de lui venir en aide, l'insultent, crient, ricanent et lui lancent des tampons. La scène est très prenante. Carrie représente tout ce que les autres filles ne veulent pas être ! Elle est en complet décalage et elle leur inspire du dégout. Tout cela explique peut-être le rejet, la cruauté et la méchanceté dont elle fait l'objet. Carrie est également persécutée par sa mère, une femme qui pratique la religion de manière extrême et n'hésite pas à enfermer sa fille dans un petit cagibi pour prier et faire pénitence. Carrie a très peur de sa mère, et il y a de quoi... Seules la professeure de sport et une autre élève, Sue, lui manifestent de l'empathie et de l'amitié. Dans ce roman, plusieurs thèmes malheureusement indémodables sont traités, à commencer par le harcèlement. Le harcèlement scolaire est si traumatisant qu'on s'en souvient trente ou quarante ans après. Ensuite, le thème de l'oppression religieuse, quelle que soit la religion, est traité à l'échelle d'une famille monoparentale. Carrie vit en vase clos avec sa mère bigote et extrémiste, et elle est totalement sous sa coupe, enfermée dans son cagibi et dans ses croyances limitantes. Ce roman parle aussi de la difficulté à s'intégrer dans un groupe, de l'anticonformisme, de l'effet de groupe, et de l'autoréalisation des prophéties : la professeure de sport croit en Carrie, alors Carrie commence à croire en elle. Cependant, un jour, Carrie découvre qu'elle détient le pouvoir de télékinésie et peut déplacer des objets par la pensée, sous l'effet du stress et de l'anxiété. Carrie, dénigrée et rejetée depuis toujours, a le pouvoir et les rôles s'inversent. Dans ces conditions, même si on aimerait que les choses s'arrangent pour Carrie, l'histoire ne peut pas bien se terminer… Ce roman a été le premier grand succès de Stephen King et il fut adapté au cinéma par Brian de Palma qui a bien retranscrit le propos de Stephen King et l'ambiance angoissante de son roman.

Stephen King explore nos cauchemars, revisite nos peurs fondamentales et dévoile notre part d'ombre. En effet, ses romans nous permettent d'exprimer nos bas instincts par procuration, cette part d'ombre qui n'est pas valorisée socialement, qui existe néanmoins et que nous portons en nous : l'agressivité, la colère, le désir de vengeance, l'envie de destruction, la cruauté, la mesquinerie, le sadisme, le cynisme, la jalousie, l'ego démesuré, la sensibilité à la corruption, le goût du pouvoir, le manque de courage, le narcissisme, la lâcheté, les vices, la concupiscence, la pure méchanceté, la cupidité… On peut s'identifier aux victimes, mais aussi parfois aux monstres…

Les histoires de Stephen King se déroulent le plus souvent dans une petite ville et s'inscrivent dans la réalité de la vie de tous les jours, au sein d'une famille, d'un groupe d'enfants et d'adolescents, d'une école, d'une communauté… La terreur prend place dans le quotidien le plus banal ! C'est ce qui produit la peur et la sidération. Il décrit des gens ordinaires à qui il arrive des événements extraordinaires et qui vivent des expériences horribles. La terreur et le surnaturel surgissent dans la vie quotidienne. L'horreur est à la maison, comme dans *Simetierre*, au coin de la rue comme dans *Ça*, au supermarché comme dans *The Mist*, au lycée comme dans *Carrie*, dans une boutique vintage et dans chaque maison comme dans *Salem*…

On peut facilement se projeter. Les romans se déroulent chez nous, dans l'intimité de notre foyer. Le passé des personnages, ainsi que leur psychologie sont toujours finement explorés et exposés. C'est ce qui permet de nous identifier et de nous attacher aux personnages. Cependant, les romans de Stephen King comportent toujours un deuxième niveau de lecture. Ils sont empreints de symbolisme, de métaphores et d'allégories. Le sous-texte des histoires de Stephen King nous renvoie à des thèmes plus généraux comme la peur de l'inconnu, de perdre un enfant, du noir, d'être harcelé, de la fin du monde, de la fin de la société telle que nous la connaissons, de la démocratie, de la violence et de la culture de la violence aux États-Unis, la libre circulation des armes, le sens de la famille, la séparation avec ses parents, la perte de l'innocence, l'oppression religieuse, la méchanceté humaine, le harcèlement scolaire, la déliquescence de la société, la violence conjugale, la violence des parents envers leurs propres enfants, la société idéale, le fanatisme religieux, l'enfermement, les complots, l'alcoolisme, les addictions... On part du particulier, le microcosme familial et tout ce qui se passe derrière les murs d'une maison, pour arriver au général et à des problématiques de société. Ces histoires sont des contes de fée modernes et horrifiques qui nous mettent en garde contre les maux dans la société d'aujourd'hui. Hélas, certains romans de Stephen King sont des dystopies prophétiques : il avait prédit l'arrivée au pouvoir de l'ancien président Donald Trump, avec le roman *The Dead Zone*, adapté au cinéma par David Cronenberg. Il avait prédit la pandémie mondiale avec *Le Fléau* et l'expérience du confinement avec *Le Dôme*.

Les enfants occupent une place très importante dans l'œuvre de Stephen King. Soit les enfants sont des victimes innocentes, c'est radical et poignant, comme dans *Simetierre* et *Cujo*. Soit les enfants se battent contre les forces du mal et contre les adultes, comme Charlie, la petite fille dotée du pouvoir de pyrokinésie qui déclenche des incendies par la force de son esprit, Luke, le jeune garçon doté d'une grande intelligence de *L'Institut*, le petit Danny de *Shining* doué du pouvoir de voir l'avenir, et la bande d'amis de *Ça* qui combattent l'immonde clown Grippe-Sou. Stephen King nous permet de revivre notre enfance, quand notre imagination et notre pouvoir de rêver n'étaient pas entravés par la rationalité, quand on croyait au croquemitaine et aux monstres du placard. Il nous incite à chercher la fantaisie dans le réel. D'après lui, les romans d'épouvante sont une réaffirmation de l'imagination. Il nous démontre aussi que les traumas du passé finissent toujours par revenir nous hanter. On surmonte et on apprivoise nos peurs, mais si celles-ci ne sont pas traitées en profondeur, leurs racines restent ancrées en nous. Il nous dit également que le mal finit toujours par revenir et qu'il faut se battre pour une société plus juste. Les romans de Stephen King se déroulent chez nous, dans notre maison et dans notre communauté, les personnages sont nos proches. L'analyse de leur caractère et de leur personnalité est toujours très fouillée et très fine. Ses romans parlent de nous, les humains, et de la nature humaine, avant de parler des monstres. Ils dévoilent la face sombre de la société et de l'être humain.

LA PEUR ET LES MONSTRES DE FICTION

Les monstres ont toujours existé dans les mythologies, les histoires racontées au coin du feu, les contes de fée, les romans et les films depuis les débuts du cinéma. Les monstres incarnent nos peurs et nos angoisses. Ils ont aussi une fonction sociale, car les récits qui mettent en scène des monstres permettent de faire de la prévention. Par exemple, les contes de fée, avant d'être édulcorés par Walt Disney, étaient des histoires cruelles, dans lesquelles les enfants, les jeunes filles, les jeunes garçons, et les petits animaux mignons se faisaient dévorer par des monstres, étaient persécutés par des adultes et subissaient les pires tourments de la part de leur famille... Ces récits permettaient de faire peur aux enfants et de les mettre en garde contre les dangers du monde. Par exemple, dans le conte *Hansel et Gretel*, Hansel et Gretel sont les enfants d'un bûcheron très pauvre qui décide avec sa nouvelle femme de se débarrasser de ses enfants, des bouches à nourrir inutiles, et de les perdre dans la forêt. La première fois que le couple abandonne les enfants, ils marquent leur chemin de petits cailloux et réussissent à rentrer chez eux. Mais la deuxième fois, ils n'ont que des miettes de pain pour marquer leur chemin et se perdent vraiment dans la forêt, jusqu'à ce qu'ils découvrent une jolie maison en pain d'épice. Hélas, cette maison est habitée par une vieille femme cannibale. Le piège se referme sur les enfants quand la femme enferme Hansel dans une cage et essaye de le faire engraisser afin de le manger, et réduit Gretel en esclavage. Celle-ci est chargée de préparer les repas de son frère. Un jour, prétextant qu'elle est trop petite pour vérifier si le four est chaud, elle profite que la femme est penchée devant celui-ci pour la pousser à l'intérieur et l'y enfermer. Les enfants dérobent les pierres précieuses de la femme et s'enfuient. Ensuite, il existe différentes versions de la fin de l'histoire. L'une d'entre elles dit que les enfants rentrent chez leur père devenu veuf, entre-temps. Cette histoire est absolument effrayante et abominable, mais ne fait que refléter ce qui se produit dans la réalité : en France, tous les quatre jours un enfant est tué par ses parents, l'inceste est répandu dans toutes les couches de la société, et la pédocriminalité dans les milieux religieux et sportifs a fait et fait encore des ravages. Malheureusement, la réalité dépasse la fiction.

Les fictions qui mettent en scènes des monstres permettent aussi de rendre compte des difficultés de l'époque et ont souvent une portée sociale. Elles permettent également d'apprivoiser nos angoisses d'enfant et nos peurs d'adulte : la peur du temps qui passe, de la dégradation physique et mentale, de la mort, du changement, de l'inconnu, de la perte d'un être cher, du chaos, des catastrophes naturelles, du réchauffement climatique, de la cruauté et de la sauvagerie qui existent réellement chez les humains...

LA PEUR DE CE QUE NOUS NE VOYONS PAS

Vous avez certainement déjà vu ce film de Steven Spielberg, *Les Dents de la mer*, et ses suites. Ce film des années 1970 fut tourné dans l'océan, à la demande de Steven Spielberg, et non dans un décor. À l'époque, il n'y avait pas d'effets spéciaux en images de synthèse comme aujourd'hui, alors plusieurs maquettes de requins mécaniques furent fabriquées. Pendant le tournage, les maquettes étaient plongées dans l'océan, mais l'eau salée les détériorait très rapidement. C'est la véritable raison pour laquelle on voit assez peu le requin à l'écran ! Finalement, le résultat est beaucoup plus effrayant que si le requin était présent à l'écran pendant tout le film ! On voit peu le requin, mais on parle de lui, on l'imagine, on voit ses victimes, notamment un enfant attaqué à trois mètres du rivage devant sa mère, on voit du sang à la surface de l'eau, on voit les gens paniqués, et surtout, avant d'apercevoir brièvement le requin, on l'entend ! La musique du compositeur John Williams ajoute une dimension terrifiante à l'apparition du requin ! À la suite de ce film se sont développées des phobies mondiales comme la bathophobie qui désigne la peur des profondeurs, la thalassophobie qui désigne la peur de la mer et de l'océan, et la peur des requins, des monstres marins, d'être isolé et sans défense, de l'invisible, de la noyade, d'être attaqué et dévoré, des poissons, de l'inconnu, du noir... Ces peurs existaient avant, mais le film *Les Dents de la mer* les a incarnées et cristallisées. Ce film incarne pleinement la peur de ce qu'on ne voit pas et la peur de l'inconnu. Quant au requin, il est devenu « le monstre marin » par excellence.

CHAPITRE VII

Les bénéfices de la peur

ACCUEILLIR NOS PEURS, PAS À PAS

Peut-être vous êtes-vous construit autour de vos peurs ? Cela a été mon cas. Pour certaines raisons, en première année de fac, j'ai développé des peurs : la peur d'être seule, de l'échec, de grossir, du déclassement social, de manquer d'argent, de ne pas y arriver, du regard des autres, de perdre des êtres chers, de l'ennui, du vide existentiel, d'être ridicule, d'être différente, d'être ordinaire... Cependant, j'ai toujours embarqué ces peurs avec moi pour accomplir ce que j'avais envie de réaliser. Je pense avoir vécu pleinement, avec mes peurs, et peut-être grâce à elles, car les peurs sont des énergies que nous pouvons utiliser à notre avantage ! Elles révèlent nos rêves, nos envies, nos grandes ambitions et notre potentiel d'évolution. Elles peuvent nous guider.

Lorsqu'on ressent une sensation de peur, quelle que soit sa forme (effroi, angoisse, anxiété), c'est désagréable, c'est envahissant, cela tort les intestins, cela provoque la chair de poule ou une sueur froide... Cependant, quand nous accueillons une émotion désagréable avec curiosité et sans jugement, on laisse venir à nous la sensation et on la laisse se manifester, sans chercher à la réprimer à tout prix et à s'anesthésier. Cela nous sert à avoir le temps de prendre conscience de cette émotion.

Cela nous laisse aussi l'opportunité d'identifier précisément la sensation que l'on ressent. Est-ce de l'agacement? Est-ce de l'anxiété? Est-ce une frayeur? Est-ce de l'appréhension? Est-ce de l'effroi? Est-ce un simple pic de stress? Cela nous laisse la possibilité de se poser quelques questions. De quoi ai-je peur exactement? Pourquoi ai-je peur? Qu'est-ce que je redoute? Pour identifier l'origine de cette sensation de peur, nous pouvons essayer d'établir un lien de cause à effet entre un élément déclencheur (un «*trigger*») et la sensation ressentie. Attention, l'élément déclencheur n'est pas toujours la cause profonde de notre émotion. Parfois, ce *trigger* n'est que la goutte d'eau qui fait déborder un vase déjà bien rempli.

Accueillir notre émotion, identifier notre sensation avec précision et identifier l'origine de notre émotion, ce sont trois étapes très importantes qui nous permettent de mieux nous connaître et de mieux connaître nos circuits et nos processus intérieurs. Aussi étonnant que cela paraisse, trois étapes nous permettent d'apprendre à réguler nos émotions par nous-mêmes, sans nécessairement passer par le verre de vin, le Xanax ou le cannabis, qui sont souvent de fausses bonnes idées au quotidien. Cela demande évidemment de développer notre tolérance à l'inconfort. Les études montrent que lorsqu'on accepte nos émotions et nos sensations désagréables, cela permet d'en diminuer l'intensité après un petit moment. Cela nous laisse le temps de réfléchir et de trouver une bonne manière de répondre et de réagir. Quand on accueille notre émotion, cela signifie qu'on voit les choses en face et qu'on reconnaît cette émotion désagréable pour ce qu'elle est.

FUIR NOS ÉMOTIONS: L'ÉVITEMENT ÉMOTIONNEL

Quand on fuit systématiquement les émotions désagréables, on appelle cela «l'évitement émotionnel». Si on préfère refouler constamment nos émotions désagréables et qu'on évite de les voir en face, cela peut nous pousser à des conduites destinées à nous « anesthésier » et à nous empêcher de ressentir ces sensations (grignotage, shopping compulsif, prise systématique d'alcool, de cannabis, d'anxiolytiques et autres substances, etc.). On sait que ces conduites alimentent le circuit de la récompense dans notre cerveau et calment sur le moment, ce sont des avantages. Mais elles sont aussi addictives, il faut les renouveler et augmenter les doses pour reproduire leur effet... Ces conduites addictives ne permettent pas de comprendre ce que nous ressentons et ne résolvent pas le problème de base. Elles ne permettent pas de regarder nos peurs en face, ni d'apprendre à réguler nos émotions. Sortir seul d'une addiction à l'alcool, au cannabis, aux opiacés ou aux anxiolytiques n'est pas simple, je le sais. Je vous invite sincèrement à consulter une association, un groupe de parole, votre médecin et un ou une psychologue si vous désirez réaliser ce cheminement. Si vous avez vécu un trauma, je vous conseille également de prendre contact avec votre psychologue afin d'être accompagné.

Refouler nos émotions désagréables, cela peut aussi provoquer des troubles psychosomatiques aux symptômes bien réels (migraines, maux de ventre, problèmes de peau...). Notre corps exprime son mal-être à sa façon. La peur, l'anxiété et toutes les émotions désagréables font partie de l'existence. Une réaction de peur peut nous délivrer un message, nous indiquer que quelque chose ne nous convient pas du tout dans notre vie ou bien qu'il faut se méfier. Peut-être devrions-nous nous demander pourquoi et essayer de comprendre les raisons profondes de cette réaction. En réalité, nos émotions désagréables sont utiles car elles nous fournissent des informations sur notre état intérieur (le niveau de satisfaction de nos besoins, notre moral, notre condition hormonale, notre état de fatigue, etc.). Elles nous donnent de bons indices sur la façon dont on perçoit une situation et sont un signal d'alarme.

CULTIVER L'INDÉPENDANCE ÉMOTIONNELLE

L'indépendance émotionnelle, c'est la conviction que notre valeur personnelle et notre bien-être mental ne dépendent pas uniquement de nos émotions variables et des facteurs extérieurs, comme le regard des autres ou leur humeur. Je reconnais que ce n'est pas toujours facile d'être « émotionnellement indépendant » ! Mais je vous assure que c'est une compétence émotionnelle très utile, sur laquelle nous pouvons travailler un peu chaque jour. C'est une forme de liberté ! Nous sommes libres et avons le droit de nous sentir bien, indépendamment de nos peurs, d'un pic de stress, d'une bouffée d'angoisse, de l'approbation, l'attention et la validation d'autres personnes, ou de l'atteinte d'un objectif particulier. Nous atteignons une certaine indépendance émotionnelle quand notre bien-être mental ne dépend plus complètement des facteurs extérieurs et de nos émotions fluctuantes, notamment de la peur et de l'anxiété.

Nous ne sommes pas obligés d'écouter systématiquement nos pensées et nos sensations et nous ne sommes pas obligés de faire varier notre bien-être mental en fonction de l'humeur des autres ou de l'approbation des autres. Votre collègue fait la tête aujourd'hui ? Grand bien lui fasse ! Cela ne doit pas vous enlever votre sérénité... Il est possible de moins se laisser influencer par des facteurs extérieurs et par des émotions fluctuantes. Par ailleurs, je suis convaincue que nous pouvons passer à l'action, en dépit de nos peurs et de notre anxiété. Nous pouvons passer à l'action AVEC nos peurs et notre anxiété ! Quand on y parvient, c'est un grand soulagement et un grand pas vers l'indépendance émotionnelle : on ne dépend plus de nos peurs ou de l'humeur des autres, on devient plus indépendant émotionnellement !

À l'inverse, la dépendance émotionnelle, c'est le bien-être « sous condition ». C'est le fait d'avoir constamment besoin d'un facteur extérieur, comme l'approbation des autres, pour nous sentir bien. C'est aussi avoir besoin d'atteindre un objectif pour se sentir bien (« je serai heureuse uniquement si je perds 5 kg ») et c'est s'attribuer de la valeur personnelle, uniquement si quelqu'un d'autre valide notre travail, nos choix et notre personnalité. C'est aussi absorber systématiquement les émotions des autres, quand on est très empathique. Alors qu'il serait préférable d'utiliser son empathie pour comprendre la réalité des autres, sans s'approprier leurs émotions... Je pense qu'il est bon de cultiver une certaine indépendance émotionnelle !

FAIRE LE CHOIX DE LA PEUR

« Chaque jour, faites quelque chose qui vous fait peur », disait Eleanor Roosevelt. Aussi étonnant que cela paraisse, il existe de nombreuses situations dans lesquelles nous choisissons délibérément de ressentir de la peur ! Dès qu'on monte dans un manège à sensations, quand on regarde un film à suspense, une série anxiogène ou un film d'épouvante, quand on lit un roman noir ou un roman fantastique, quand on va au casino, quand on regarde un match de foot (ou n'importe quelle compétition sportive), quand on pratique un sport à risques, quand on monte sur scène, quand on participe à une compétition, quand on crée son activité professionnelle, dès qu'on se lance un défi ou qu'on se lance dans une nouvelle histoire d'amour, quand on décide d'avoir un bébé... Nous choisissons délibérément de ressentir de la peur, car celle-ci fait partie de l'aventure. Finalement, choisir la peur, c'est aussi choisir la vie. C'est choisir de vivre plus intensément !

Choisir d'avoir peur, c'est choisir l'inconnu et la nouveauté, plutôt que ce qu'on a déjà vu, déjà fait et déjà connu. C'est sortir de sa zone de confort. C'est découvrir quelque chose de nouveau. C'est engager la conversation avec quelqu'un qu'on ne connaît pas encore, ou participer à une activité alors qu'on ne connaît personne. C'est partir à l'aventure. C'est aussi savoir prendre des risques mesurés. C'est reprendre ses études. C'est décider de participer à un événement alors qu'on n'est pas du tout sûr de soi. C'est quitter le salariat et créer son entreprise. C'est entrer dans une salle de réunion alors qu'on est hyper-timide. C'est s'ouvrir au monde qui nous entoure. N'est-ce pas exaltant... On pourrait s'imaginer que les personnes qui se lancent des défis régulièrement n'ont jamais peur de rien. En réalité, les personnes qui se lancent des défis acceptent d'avoir peur, car leur but est de franchir des étapes et de repousser leurs limites. Elles transforment leurs peurs en confiance et en action.

TÉMOIGNAGE

Delphine et l'entrepreneuriat au féminin

« Il y a deux ans, je prenais la décision de lâcher une activité professionnelle stable pour un projet fou. Certains m'estimaient "audacieuse", d'autres me jugeaient sans doute "inconsciente". Pour ma part, je sortais de ma zone de confort sans vraiment savoir ce qui m'attendait: la vie d'entrepreneure et avec elle, les montagnes russes émotionnelles! Je quittais le confort de mon cabinet de psychologie (un planning plein, la sécurité financière, une reconnaissance professionnelle), pour sauter dans l'inconnu et l'incertitude: une start-up dédiée à la santé mentale.

J'ai été confrontée à des centaines de peurs: les doutes sur le projet en lui-même, la peur de l'échec, la crainte du jugement de l'autre, notamment de mes pairs, l'inquiétude de me mettre en difficulté financière, et la fameuse peur de ne pas à la hauteur ou légitime. J'ai hésité à me lancer, j'ai failli tout arrêter, puis je me suis focalisée sur le SENS de ce projet. Mes peurs m'ont aidée à identifier ce qui était important pour moi: rendre plus accessible la psychothérapie. À chaque fois que je doute, je me rappelle ce POURQUOI, ça m'aide à laisser une petite place à ma peur. Je la reconnais, je l'accueille, je la laisse vivre, mais je ne la laisse pas me diriger. Ainsi, elle disparaît.

> J'ai encore régulièrement peur et je continue à avancer un pas après l'autre avec cette peur. J'ai apprivoisé ma peur en acceptant qu'elle m'accompagne au quotidien sans systématiquement croire tout ce qu'elle me dit. »
>
> **Delphine Py, psychologue, créatrice de l'application Psynergy et fondatrice de la start-up Psynergy @psynergy_dephinepy**

LES BÉNÉFICES DE LA PEUR

Même si cela semble surprenant, ressentir de la peur à petites doses comporte des bénéfices et des aspects positifs. Par exemple, la peur assure notre survie et notre sécurité. Nous sommes génétiquement programmés pour ressentir de la peur, celle-ci ayant pour objectifs de nous garder en sécurité, nous inciter à la prudence, nous préserver des dangers potentiels, réels ou imaginaires et nous aider à produire une réponse adaptée, grâce à une suite de réponses chimiques coordonnées dans notre cerveau et notre corps. Cet ingénieux système d'alarme interne nous aide à prendre de sages décisions et à agir avec prudence. La peur nous pousse également à l'action. Ce mécanisme est essentiel à notre survie et à celle de nombreuses espèces animales. Sans les sensations de peur, notre espérance de vie serait plus limitée car nous n'aurions pas conscience de nos limites et des dangers du monde qui nous entoure. Par exemple, on ne porterait pas notre ceinture de sécurité en voiture !

Ensuite, ressentir de la peur booste notre système immunitaire pour un moment. Selon une étude de l'université de Coventry, les réponses physiologiques de la peur font augmenter la production de globules blancs dans notre organisme. Les globules blancs nous aident à lutter contre les infections, à réparer le corps et sont des marqueurs de notre système immunitaire.

Ressentir de la peur de temps en temps, c'est excitant physiquement et psychologiquement, surtout quand c'est choisi délibérément. Quand on sent notre cœur battre à tout rompre dans notre poitrine, on ne peut pas ignorer cette émotion qui nous fait nous sentir pleinement vivants !

De plus, cette excitation peut être un booster et une aide pour sortir d'un état dépressif. En effet, quand on ressent de la peur, notre organisme produit de l'adrénaline et du cortisol, notre rythme cardiaque augmente et le glucose de notre organisme est converti en énergie. En revanche, il faut que cela reste occasionnel, car si notre organisme est habitué à ressentir de la peur, l'« effet excitant » fonctionnera moins. De plus, on ne pourrait pas vivre décemment dans un état de peur permanent.

Quand on ressent de la peur, on sécrète de la sérotonine, l'hormone de l'humeur, et on produit de la norépinéphrine qui nous aide à garder notre sang froid et à être focalisé sur l'instant présent, au lieu de céder à la panique. On sécrète aussi de l'ocytocine, l'hormone du lien social, de l'attachement et des comportements pro-sociaux, ce qui nous permet de nous sentir en connexion et en lien avec les personnes avec qui on partage cette peur et cette expérience commune. C'est notre instinct de survie qui nous conseille de nous regrouper avec d'autres humains, afin de survivre, plutôt que de rester seul.

Paradoxalement, ressentir de la peur peut sembler délicieux et nous procurer des sensations d'exaltation que la vie quotidienne et sa routine ne procurent pas ! Avant de relever un nouveau défi, nous avons peur, ce qui nous donne l'impression d'être vraiment dans l'action. Notre cerveau adore les défis, les challenges et les buts, car ceux-ci permettent à nos neurones de se réorganiser, de créer de nouveaux réseaux et de mettre en œuvre la neuroplasticité. Lorsque le défi est relevé, on a la sensation d'avoir accompli quelque chose et d'avoir du pouvoir sur les événements. C'est satisfaisant et très valorisant ! Toutes ces sensations fortes procurées par l'adrénaline, la dopamine, les endorphines, l'ocytocine, et la sérotonine durent même quand le défi est réalisé, cela permet aussi de prendre confiance en soi et en ses compétences.

Imaginons que vous avez envie d'accomplir quelque chose, mais que vous vous sentez bloqué par la peur. Je vous invite à prendre quelques minutes pour voir plus loin et imaginer comment vous vous sentirez, après avoir accompli ce que vous avez envie de réaliser ! Je peux vous affirmer que vous ressentirez de la fierté, de la joie et du bonheur ! Ces résultats seront équivalents à six mois de psychothérapie et vaudront largement votre investissement et la peur que vous aurez ressentie. À partir du moment où vous décidez d'agir en dépit de la peur, vous prenez le pouvoir !

Quand nous ressentons de la peur, cela signifie aussi que nous vivons notre vie à fond, au lieu d'éviter systématiquement ce qui pourrait nous faire peur. Cette peur nous informe qu'une opportunité se présente et que nous avons le choix de ne pas nous limiter à notre zone de confort. Il y a une grande différence entre choisir de ne pas faire quelque chose parce qu'on n'en a pas envie et ne pas faire quelque chose qu'on a envie de faire, parce qu'on a peur. La peur nous indique aussi les priorités dans notre vie. C'est maintenant que nous devrions vivre nos vies à fond, pas quand nous serons six pieds sous terre à manger les pissenlits par la racine. À justes doses, la peur est également source de changement, d'innovation et de créativité. Quand on ressent de la peur, on se découvre des ressources insoupçonnées. On découvre qu'on est capable de s'engager vraiment et de soulever des montagnes.

TÉMOIGNAGE

VICTORIA ET LE TRAC EN PLUMES

« Il y a quelques années, alors que j'étais en train de travailler, mon téléphone sonna. C'était ma professeure de danse. Elle m'expliqua être à la recherche de danseuses pour l'inauguration d'un élégant restaurant à Paris. La joie de danser m'envahit, mais fut remplacée par la panique : "Je ne suis pas sûre de pouvoir..." Il s'agissait en effet d'un cours de danse burlesque auquel je n'avais assisté que deux fois. Mes seize années de danse classique me permettaient de suivre le cours techniquement, mais pas d'assumer cette nouvelle féminité déployée tout en plumes, en collants résilles et en paillettes. Ma prof de danse me rassura immédiatement en me confirmant mon droit de regard sur les costumes et l'aventure commença ! Après une semaine effrénée de répétitions et d'essayages, je me rendis au restaurant le dimanche pour une répétition générale. Je découvris l'espace dans lequel je m'apprêtais à me produire en costume pour la première fois devant une centaine d'inconnus. Ce bel endroit me plongea dans les années folles et réveilla ma passion pour cette période ! C'est alors que ma prof de danse me demanda d'essayer les costumes pour tester les éclairages. Je me mis à compter le nombre d'hommes entièrement habillés dans la pièce. Une dizaine de serveurs. Dans les toilettes, je respirai lentement pour me calmer : je n'étais pas sûre d'assumer cette tenue légère de perles et de plumes devant le reste du personnel. Mais je savais que, quelques jours plus tard, il n'y aurait pas dix, mais cent personnes dans la salle, alors je pris mon courage à deux mains ! Le jour J, je traversai la salle toute habillée pour rejoindre la loge. Tous ces gens ne faisaient pas attention à moi, alors qu'une heure plus tard, je me pavanerais devant eux avec éventails et boas. Lorsque je confiai mon trac à une autre danseuse, elle me répondit : "Moi, je me dis que celle qui porte les plumes est une autre femme. Ce n'est plus moi, c'est une femme délivrée." Lorsque j'enfilai mon costume de perles, je m'efforçai de devenir cette femme détachée. La musique, le décor et les plumes agissaient sur moi comme un tour de magie, et soudain, j'étais une danseuse ! Confiante et consciente de l'objet de désir que je représentais, je pris pleinement possession de mes mouvements. Chaque geste me confirma que j'avais le droit d'exprimer cette féminité qui brûlait en moi, sans que personne n'ait rien à me reprocher sur ce corps de femme. »

Victoria
Doctorante en histoire de l'art et danseuse

CHAPITRE VIII

Des pistes concrètes pour apprivoiser nos peurs

« À cœur vaillant, rien d'impossible. » Que j'aime ce dicton ! Je le trouve particulièrement pertinent dans l'univers de la peur. Oui, si nous le souhaitons, nous pouvons apprivoiser certaines de nos peurs, et cohabiter avec elles harmonieusement. Nous pouvons accepter certaines peurs, en éliminer d'autres, ou les remplacer par d'autres peurs moins impactantes. Nous pouvons réussir à vivre avec l'incertitude de notre destinée, les discours menaçants des médias et les dangers réels de la vie. Pour cela, il existe des stratégies et des mécanismes de défense à mettre en œuvre. Voici des clés et des techniques à placer dans votre boîte à outils.

PRENDRE DE LA DISTANCE AVEC NOS PENSÉES INTRUSIVES LIÉES À LA PEUR

Vous avez peut-être remarqué que nous avons tendance à accorder beaucoup d'importance à toutes les pensées qui nous passent par la tête, surtout les pensées anxieuses, toxiques, démotivantes, négatives, autodévalorisantes, catastrophistes, comparatives ou déprimantes ! Nous nous engouffrons dans nos pensées, nous nous fondons dedans et sommes capables de gâcher notre journée. En thérapie ACT, on considère que nous ne sommes pas obligés de fusionner avec toutes nos pensées intrusives, tout simplement car celles-ci ne représentent pas forcément « la vérité ». Certes, nos pensées ont l'art de s'imposer comme étant des vérités, alors qu'elles sont souvent le fruit de biais cognitifs et qu'elles sont altérées par des filtres de distorsion cognitives. Nous portons parfois des lunettes qui déforment la réalité des faits, mais, la plupart du temps, nos pensées ne sont ni des ordres, ni des injonctions auxquelles nous devons obéir, ni des règles à suivre, ou de réelles menaces que nous devons éviter. Une pensée n'est qu'une suite de mots, pas un monstre qui va nous dévorer ! Une pensée n'est pas forcément importante et ne requiert pas non plus toute notre attention. Sauf si ça sent le brûlé et que notre première pensée est d'éteindre le four, bien évidemment... Dans le cas contraire, nous avons tout à fait le droit et la possibilité de défusionner avec nos pensées !

Comment défusionner avec une pensée ? Je vous invite à observer votre pensée, comme si elle apparaissait dans la bulle d'une bande dessinée, et à vous poser ces questions : est-ce que cette pensée est utile ? En quoi m'est-elle utile ? Si cette pensée ne vous sert à rien, vous avez le droit et même le devoir de la laisser partir. Vous pouvez la laissez passer avec indifférence, comme on laisserait passer une voiture au passage piéton. Vous pouvez aussi réévaluer cette pensée et la reformuler de manière plus constructive. Mais... encore faut-il avoir envie de se détacher de ses pensées !

DÉMYSTIFIER NOS PEURS GRÂCE À LA RÉÉVALUATION COGNITIVE

La réévaluation cognitive consiste à changer de perspective et à évaluer différemment l'objet de notre peur. Comment faire ?

Tout d'abord, je vous invite à examiner systématiquement les situations sous un autre angle. Traversez la pièce et regardez la vie depuis l'autre côté de la pièce. Les événements prennent alors une autre lumière et une autre couleur. Cela demande un peu d'entraînement, mais cela peut littéralement modifier notre rapport au monde ! Cela nous aide à modifier notre perception des événements et à relativiser. Quand notre environnement n'est pas très serein, cela permet d'apaiser les tensions. Cela nous aide à tirer bénéfice des situations qui, à première vue, ne nous semblaient pas favorables. Cela améliore notre qualité de vie au quotidien !

La deuxième technique consiste à développer notre empathie et à essayer de nous mettre à la place de notre interlocuteur. Cela aide à comprendre la situation et à montrer à l'autre que nous l'écoutons. Au lieu de nous énerver, nous sommes plus calmes. C'est efficace pour faire redescendre la pression, notamment avec les enfants.

La troisième technique consiste à prendre de la hauteur, de la distance, et à ne plus prendre les choses pour nous et contre nous, en pratiquant l'humour par exemple, en ne considérant plus que les gens sont focalisés sur nous, en laissant le temps à l'émotion de retomber avant de prendre une décision, ou en éteignant notre ordinateur et notre smartphone... C'est une bonne habitude à prendre et c'est souvent efficace, sur les réseaux sociaux ou dans la vraie vie. Cela nous laisse le temps de digérer les informations, de faire preuve de discernement et de faire la différence entre notre émotion et notre comportement. Cela nous laisse le temps de nous calmer et de réfléchir, au lieu d'agir sous le coup d'une pulsion...

La quatrième technique consiste à démystifier l'objet de notre peur. Autrement dit, nous décidons de voir autrement la source de notre peur. Nous lui ôtons sa charge effrayante. Cela demande de penser « contre soi-même », mais cela en vaut la peine. Lorsqu'on réalise que les souris ont davantage peur de nous que l'inverse, ça va un tout petit peu mieux... Cela ne veut pas dire qu'on ne doit pas chasser les souris de chez soi. Elles restent des nuisibles qui créent des dégâts dans une maison. Mais cela nous aide à diminuer nos réactions de panique à la simple pensée d'une souris. Cela nous aide à garder un peu notre sang-froid. Démystifier l'objet de sa peur signifie qu'on cherche à voir celle-ci comme quelque chose de relativement inoffensif et qui ne serait pas spécialement menaçant pour nous. Dans ce cas, nous n'avons plus de raisons d'en avoir peur. Cela change tout, n'est-ce pas ? Pour cela, nous pouvons, par exemple, remplacer le mot « peur » par autre chose. Si nous décidons de remplacer la peur par de l'audace, de l'espoir, de l'impatience ou de la curiosité, cela nous permet de voir les choses sous un autre angle. Cela nous amène à être moins sensibles à la perception du danger. Par exemple, si nous remplaçons « j'ai peur d'aller à l'école » par « j'ai hâte d'aller à l'école », ou par « je suis curieuse de voir comment va se passer l'école », cela change tout ! On est toujours dans une attente et dans une anticipation, mais cette anticipation n'est plus anxieuse. Elle est neutre, voire optimiste !

La dernière technique que je vous présente aujourd'hui consiste à prendre l'habitude d'envisager systématiquement les aspects positifs d'une situation, pas que les aspects négatifs. C'est une bonne habitude à prendre, alors que, généralement, on préfère râler par principe. Je vous propose d'essayer de voir le verre à moitié plein, plutôt qu'à moitié vide, tout en restant lucide et réaliste évidemment. Il ne s'agit pas d'ignorer les vrais dangers et les signaux négatifs. Vous pouvez réaliser ce travail seul ou accompagné de votre psychologue.

QUELQUES CAS PRATIQUES

Démystifier l'objet de notre peur, ou de nos peurs, fonctionne très bien avec certaines activités et dans certaines situations. Voici un premier cas pratique. Imaginons que vous avez peur d'être mal jugé par quelqu'un. Cela déclenche de la peur et de l'anxiété en vous. Peut-être pourriez-vous démystifier ce que représente cette personne pour vous et prendre conscience que cette personne est un simple être humain, un être mortel, qui doit manger, boire et faire ses besoins comme tous les êtres vivants ? Cette personne n'est pas plus importante ou exceptionnelle que vous ou que les autres humains. Pourquoi est-ce que l'avis de cette personne compte autant pour vous ? En quoi l'avis de cette personne modifie-t-il le cours de votre vie ? Pourquoi voulez-vous lui plaire ? A-t-elle un pouvoir de nuisance ? Est-elle votre alliée ? Il est possible qu'en réalité cette personne ne vous inspire aucune confiance. Dans tous les cas, cette personne ne devrait pas avoir autant d'influence sur votre humeur et votre estime de soi.

Voici un deuxième cas pratique. Si vous souffrez d'anxiété sociale et avez peur de sortir et de marcher jusqu'à une station de métro, vous pouvez essayer de démystifier cette peur avec votre psychologue. Tout le monde se déplace à pied dans les grandes villes. Il n'y a rien d'étrange, ni de bizarre à cela et c'est votre droit le plus strict. C'est un acte tout à fait anodin que des centaines de gens réalisent chaque jour. *A priori*, il ne va rien se passer. Personne ne va vous observer et se moquer de vous. Les études montrent qu'on surestime toujours le nombre de personnes qui nous observent. Lorsqu'on accepte le fait que personne ne nous observe particulièrement et que les gens sont surtout indifférents, cela aide à démystifier cette peur du regard des autres. Cette méthode peut être appliquée dans bon nombre de situations qui semblent effrayantes et angoissantes. Il s'agit également d'une méthode de réévaluation cognitive. Nous labellisons différemment une personne ou une situation : au lieu de la qualifier d'« effrayante », nous la qualifions de « neutre ». Et pourquoi ne pas finir par la qualifier d'agréable... On peut même finir par prendre plaisir à faire quelque chose qui nous faisait peur au départ. Par exemple, marcher jusqu'au métro, cela permet de prendre l'air et de voir la lumière du jour avant de s'engouffrer dans la vie souterraine. Tout est une question de perception et d'évaluation. Celles-ci peuvent évoluer. À force de modifier la façon dont on évalue une personne ou une situation, cela finit par modifier notre perception.

Quel est l'intérêt de démystifier certaines peurs ? L'intérêt est multiple ! Vivre librement, cheveux au vent, par exemple ! Découvrir le monde ! Se libérer de ses croyances limitantes. Ne plus avoir peur des autres ! Allez à la rencontre des autres, sans préjugés et sans *a priori* ! Faire un métier qui nous plaît ! Reprendre ses études ! Apprendre à s'accepter et à s'aimer ! Se réaliser ! S'épanouir ! Aimer ! S'éclater ! Vivre pleinement ! Prendre des risques ! Être sereine et serein !

TÉMOIGNAGE

AMÉLIA ET LA PEUR DE RENCONTRER DES NOUVELLES PERSONNES

« Autrefois, j'étais souvent angoissée la veille d'un rendez-vous avec une personne que je ne connaissais pas, au point de faire une insomnie. C'était pénible et la privation de sommeil n'arrangeait pas mon anxiété. Puis, un jour, j'ai décidé de modifier la façon dont j'appréhendais "un rendez-vous avec une personne que je ne connaissais pas". J'en avais assez de souffrir autant, pour quelque chose qui semblait anodin à d'autres. Pour cela, j'ai décidé que les personnes que j'étais amenée à rencontrer ne m'impressionnaient plus. Une fois pour toutes, j'ai décidé que ces personnes étaient des humains comme les autres, ni plus ni moins, et que je n'étais pas moins importante qu'elles. Je me suis dit que ces personnes étaient peut-être aussi stressées que moi à l'idée de ce rendez-vous. J'ai compris que je me simplifierais la vie en considérant qu'il s'agissait d'un événement anodin, aussi banal que le fait de me rendre à la boulangerie pour acheter du pain, ce dont j'étais tout à fait capable !

> J'ai démystifié l'objet de ma peur. Je reconnais que mon métier de psychologue m'a permis de "m'exposer" à ma peur, puisque ce métier consiste justement à rencontrer chaque jour des personnes qu'on ne connaît pas. À force de pratiquer mon métier, je me suis habituée. »
>
> **Amélia, psychologue et auteure**

TRAITER SES PEURS EN THÉRAPIE COMPORTEMENTALE ET COGNITIVE

« L'exposition progressive » est une méthode utilisée dans les thérapies comportementales et cognitives. Cela consiste à s'exposer petit à petit à ce qui nous effraye et à faire face à l'objet de notre peur ou de notre phobie. En thérapie comportementale et cognitive, on considère qu'il existe deux types de peurs : les peurs innées et les peurs acquises. Les peurs innées sont des peurs provoquées par ce qui menace notre vie et notre intégrité physique, comme par exemple la peur des bêtes féroces, du feu ou des serpents. Ces peurs peuvent être également des phobies. Les peurs acquises sont des « peurs apprises » qui se sont développées au cours de notre vie, au sujet de choses ne menaçant pas spécialement notre santé ou notre existence. Ces peurs peuvent se muer soit en phobies, soit en peur extrême et en rejet, comme par exemple la peur des clowns.

En thérapie comportementale et cognitive, il existe plusieurs façons de soigner et de traiter ses peurs. Il s'agit de « désapprendre » ses peurs, en s'exposant à celles-ci, jusqu'à ce qu'une habituation se produise et que l'angoisse disparaisse. Ces techniques peuvent sembler un peu mécaniques et radicales, mais elles ont leur utilité dans le traitement des phobies spécifiques, par exemple. Ces techniques sont à manipuler avec précaution et en compagnie d'une ou d'un psychologue.

- La désensibilisation systématique (Wolpe, 1958) : il s'agit de réaliser un exercice de relaxation afin de réduire le lien qui existe entre l'objet de notre peur et notre peur (ou notre anxiété) et de s'exposer progressivement en pensée à ce qui nous fait peur, jusqu'à pouvoir regarder une photo de ce qui nous fait peur.

- La désensibilisation *in vivo* qui consiste à réaliser un exercice de relaxation, puis à s'exposer réellement à l'objet de sa peur ou de son angoisse
- L'exposition virtuelle qui consiste à s'exposer à l'objet de sa peur, de son angoisse ou de sa phobie *via* un casque de réalité virtuelle ou devant des images vidéo.
- L'exposition interoceptive qui consiste à augmenter sa tolérance à l'inconfort en s'exposant à des sensations qu'on ne supporte pas habituellement (augmentation du rythme cardiaque, transpiration...).
- L'exposition avec prévention de la réponse qui consiste à s'exposer à un stimulus anxiogène, en s'empêchant d'y répondre comme à son habitude de manière ritualisée (par des TOC ou par une crise alimentaire, par exemple).
- Le *flooding* en imagination qui consiste à s'immerger totalement en pensée dans l'univers qui nous fait peur ou de faire face à l'objet de sa peur, de son angoisse ou de sa phobie en imagination ou d'imaginer le pire scénario possible, afin de constater que cet univers est innofensif.
- Le *flooding in vivo* qui consiste à s'immerger totalement et réellement dans l'univers qui nous fait peur

TÉMOIGNAGE

Anna et la plus grande peur de sa vie

«Le jour où je suis devenue maman, j'ai ressenti l'une des plus grandes peurs de ma vie. En réalité, ce n'était pas le jour même, mais plutôt deux jours après avoir accouché de ma fille. La chute des hormones et les deux jours sans dormir ni manger ont été pour moi un cocktail anxiogène détonnant qui a transformé la peur du post-partum en une véritable attaque de panique. Des pensées m'ont traversé l'esprit. "Je suis désormais responsable de la vie d'un petit être sans défense. Je ne suis plus 'simplement moi', je suis maman d'un tout nouvel être humain à part entière. Comment vais-je faire pour gérer cette responsabilité ? Vais-je m'en sortir ? Vais-je m'entendre avec mon nouveau-né ?"

Étant moi-même psychologue, j'ai eu peur de passer du côté "patient". Je n'étais plus psychologue, mais une jeune maman qui avait besoin de l'aide d'un psychologue. Oser demander cette aide a été une épreuve. J'ai eu peur de paraître faible et peur que mes confrères et mes consœurs pensent que je ne suis pas assez solide pour être une bonne psychologue. Puis j'ai accepté de ne pas "être" ma profession, mais d'être une humaine comme les autres. Alors, j'ai rencontré une psychologue pour me soutenir dans ce moment de panique et j'ai pu demander de l'aide. Après cet épisode, j'ai réalisé que j'avais fait l'une des plus importantes expériences de ma carrière professionnelle. J'avais été une patiente et je pouvais enfin comprendre l'appréhension qu'on peut avoir à rencontrer une "psy". Aujourd'hui, je pense que ma façon de surmonter cette peur a sûrement fait de moi une meilleure psychologue. »

Anna, mère, psychologue
@moncoindelégèreté

MON AVIS DE PSYCHOLOGUE

La désensibilisation, c'est utile, mais je pense qu'il est essentiel de remonter à la source de nos peurs, car, d'une part, une peur peut en cacher une autre et, d'autre part, les symptômes peuvent se déplacer. Si nous nous « contentons » de supprimer un symptôme mécaniquement ou de désensibiliser un souvenir, il peut réapparaître sous une autre forme. On ne peut pas plaquer la même méthode et la même grille de lecture sur tous les êtres humains, car l'humain est complexe. Il n'existe pas de formule magique, ni de méthode miraculeuse qui ferait disparaître la peur, l'anxiété et les phobies comme par enchantement, sans efforts. Un travail de fond est essentiel. C'est la raison pour laquelle je privilégie les méthodes intégratives dans ma pratique professionnelle. En psychothérapie, il me semble essentiel de travailler sur ses blessures personnelles, pas que sur les symptômes. Nous avons toutes et tous des démons, des histoires du passé et des traumas qui nous ont conditionnés à avoir peur et qui ressurgissent par moments. Quand nous décidons de mettre en lumière nos blessures intimes, c'est souvent un tsunami émotionnel. Mais c'est aussi l'occasion de soigner ses plaies et de panser nos blessures. C'est un long travail d'introspection, de réévaluation cognitive, de résilience, d'acceptation, de pardon parfois, et de guérison que vous pouvez réaliser seul, ou avec votre psychologue. Si vous parvenez à verbaliser vos peurs chez votre psychologue, c'est un premier pas énorme ! Votre psychologue pourra vous accompagner et vous aider à identifier précisément vos peurs, à en démystifier certaines, à rationaliser, à les discuter, et, pourquoi pas, à les remettre en question. La relation thérapeutique peut vous aider à comprendre et neutraliser ces peurs. Vous pourrez exprimer vos besoins et vos désirs en toute sincérité, et de manière authentique. La peur peut révéler vos besoins et mettre en lumière vos désirs. Vous pourrez prendre confiance en vous et créer par vous-même un système d'auto-apaisement, surtout si vous trouvez un ou une thérapeute avec qui vous avez un bon feeling et en qui vous avez confiance. La relation thérapeutique vous rendra votre autonomie et vous aidera à trouver votre zone de confort intérieure.

IMAGINER UN SOI SANS PEURS

Si vous êtes paralysé par vos peurs et souhaitez faire évoluer la situation, je vous invite à vous poser les questions suivantes : « Qui serais-je sans mes peurs ? Serais-je une personne différente ou serais-je toujours moi ? Serais-je plus dynamique et plus volontaire ? Aurais-je une autre vie ? Aurais-je une vie meilleure ? Ferais-je d'autres choix ? Prendrais-je d'autres chemins ? Ferais-je preuve de plus de réactivité face aux opportunités qui se présentent à moi ? Est-ce que je saisirais ma chance, au lieu d'être paralysé et de me cacher derrière mes peurs ? Serais-je plus libre ? » Je n'ai pas la réponse à toutes ces questions. Néanmoins je suis convaincue que vous vous sentiriez plus libre ! Libre de réussir, et libre d'échouer également. Quand on se déleste de certaines peurs, on se sent libre ! Libre de tenter sa chance et de vivre pleinement. Le champ des possibles s'élargit. On tente et on essaye des choses que l'on n'aurait jamais osées auparavant, c'est exaltant ! On flotte dans un océan de béatitude et d'abondance. On découvre ou on redécouvre une certaine insouciance.

Être libre. Est-ce que cela veut dire qu'on ne se sent plus entravé par la peur ? Est-ce se sentir confiant ? Est-ce se sentir à sa place et aligné ? Est-ce que cela veut dire que nous faisons des choix éclairés, en pleine conscience et sans pression ? La peur fait-elle partie des conditions d'un choix éclairé, en pleine conscience et sans pression ? Je pense que la peur ne devrait pas être la seule motivation de nos choix.

CESSER DE VOULOIR TOUT CONTRÔLER

Il existe un grand nombre de choses et d'événements sur lesquels nous n'avons aucun contrôle ! Par exemple, nous ne sommes pas responsables de notre morphologie, de la couleur de notre peau, de la nature de nos cheveux, etc. Pourquoi passer notre vie à avoir peur d'être différents, alors que nous ne sommes en rien responsables de ces différences et que cette différence fait de nous un être unique ? Pourquoi avoir peur de vieillir et surtout, se torturer avec cette idée, alors que tout le monde vieillit et que c'est inéluctable ? Pourquoi se torturer avec la peur de ne pas être apprécié par telle ou telle personne, alors qu'on ne peut forcer quiconque à nous aimer ? Quand bien même on le pourrait, cela n'aurait aucun sens. Bien des gens ont essayé de forcer d'autres personnes à les aimer, moyennant des filtres d'amour, en les harcelant ou bien en se montrant corvéables à souhait. Mais cela n'a généralement rien donné de bon.

AGIR AVEC NOTRE PEUR

C'est probablement l'une des choses les plus importantes que j'ai à vous dire dans cet ouvrage : oui, nous pouvons agir tout en ayant peur. Nous pouvons nous lancer des petits défis régulièrement, avec nos peurs dans notre sac. Comment ne plus faire de choix guidés par la peur et dépasser l'obstacle ? Comment faire la différence entre une croyance limitante et un véritable danger pour nous ? Spontanément, notre cerveau ne fait pas la différence entre un danger potentiel et un danger avéré.

Il est intéressant de se demander si tout ce que nous manquons à cause de nos peurs n'est pas plus frustrant et pénible à supporter que l'inconfort suscité par la peur. Imaginez tout ce que vous pourriez réaliser, si vous n'étiez pas paralysé par certaines peurs ? En réalité, nous pouvons tout à fait agir en ayant peur ! Le jour où j'ai compris cela, ça a été une vraie lumière ! J'ai compris cela alors que je n'étais qu'une enfant. Depuis ce jour, je n'ai cessé de me lancer dans l'action, en dépit de mes peurs. Je me lance des petits et grands défis régulièrement, en dépit de mes peurs, afin de ne pas oublier de sortir de ma zone de confort et de réaliser mes rêves. Certes, on peut rester chez soi, à l'abri, dans notre routine rassurante, et il n'y a pas de mal à cela. Mais on peut aussi se lancer et essayer ! On peut élagir notre zone de confort. Cela demande une certaine tolérance à l'inconfort, c'est-à-dire accepter de se sentir intérieurement mal à l'aise, car la sensation physique de la peur n'est pas agréable. Cela demande d'accepter la possibilité d'un échec, car se lancer et essayer, en ayant peur, cela n'est pas une garantie de réussite et de succès. On ne sait pas ce qui va arriver.

Quand nous ressentons de la peur, quelle que soit sa forme, cela suscite un inconfort physique et mental. Le plus souvent, nous cherchons instinctivement à réduire cet inconfort en évitant l'objet de notre peur. Au risque de nous priver parfois de ce dont nous rêvons. Quel dommage !

En réalité, nous pouvons agir tout en ayant peur. D'ailleurs, c'est ce que j'ai fait très souvent dans ma vie. Et cela a été magique, la plupart du temps ! Le plus souvent, nous avons des croyances limitantes sur nous-mêmes et sur ce que nous nous pensons capables de faire. Par exemple, vous rêvez de faire de la voile, mais vous avez peur de l'immensité de l'océan, qu'une tempête se produise, etc. Eh bien, sachez que vous pouvez aller vous inscrire à un club de voile et monter sur un bateau, tout en ayant la peur au ventre. Cela n'est pas incompatible. Cependant, cela demande d'avoir une certaine tolérance à cet inconfort mental et physique provoqué par la sensation de peur. En effet, quand on agit avec la peur au ventre, cela n'est pas forcément agréable ! On a le trac, on ressent de l'anxiété, ou on est carrément angoissé. Mais, c'est possible et c'est magique ! On doit alors se forcer et aller de l'avant. Cela nous permet de soulever des montagnes et de réaliser nos rêves les plus fous ! Quand on se lance et qu'on essaye, avec la peur au ventre, c'est ensuite une satisfaction incroyable ! C'est cela le vrai courage, sans doute...

Quel dommage de s'empêcher de vivre des bons moments et de réaliser ce qu'on a envie d'accomplir, parce qu'on a peur... Il vaut mieux vivre notre vie avec nos peurs, que ne pas la vivre. Il vaut mieux avoir pris le risque d'aimer et de montrer notre vulnérabilité, que ne pas avoir aimé à cause de la peur, car le jour où les regrets s'installent, c'est trop tard. Souvenons-nous que c'est nous qui sommes aux commandes ! Ce n'est pas la peur qui devrait décider perpétuellement de ce que nous allons faire. Quel dommage de se laisser entraver par ses peurs et de laisser celles-ci guider ses prises de décision. Nous pouvons nous poser cette question : qu'est-ce qui va me faire le plus souffrir ? Agir malgré ma peur, ou regretter le fait de ne pas avoir agi ? Si le bilan des bénéfices et des inconvénients est en faveur de l'action, nous pouvons foncer !

LES MÉTIERS AVEC ADRÉNALINE INTÉGRÉE ET LES SPORTS À SENSATION

Agir avec la peur au ventre, c'est le lot de toutes les personnes qui ont un métier dangereux et à fortes responsabilités (les pompiers, les militaires, les policiers, les chirurgiens, les anesthésistes...). C'est aussi le cas des personnes qui ont créé une entreprise, des commerçants et des personnes qui ont lancé leur activité en libéral, en free-lance ou en indépendant. Pour ces personnes-là, pas de routine, pas de garantie, pas de salaire, pas de congés payés, pas d'arrêts maladie et pas de filet de sauvetage. Elles prennent des risques quotidiennement et sont habitées par un doute permanent, qui demande une grande tolérance à l'inconfort, une grande résistance au stress et une grande indépendance émotionnelle.

Dans le même temps, l'inconfort physique et mental produit par la peur, c'est précisément ce que recherchent les adeptes des sports à sensation et des aventures de l'extrême. Ces derniers sont dépendants de l'adrénaline, la noradrénaline et la dopamine, produites par la peur et l'excitation. C'est une autre manière d'apprivoiser ses peurs existentielles. Ce système a néanmoins ses limites. Je pense que nous ne sommes pas non plus obligés de « prouver » des choses continuellement, même si la société nous y pousse. Récemment, je suis montée dans « le train de la mine » à Disneyland, alors que je suis sujette au vertige depuis mon enfance. Mon appareil vestibulaire n'aime pas la hauteur ni avoir la tête en bas. Mais je voulais faire plaisir à mes enfants et leur montrer que l'on peut sortir de sa zone de confort... C'est une attraction à sensations dans laquelle on se retrouve quasiment la tête en bas et soumis à une très forte pression. C'était affreux ! J'ai été malade, j'en suis sortie en pleurs et je n'y retournerai jamais ! Il est intéressant de connaître nos véritables limites physiques et physiologiques et de vivre en harmonie avec elles.

UN EXERCICE POUR OSER RÊVER ET OSER RÉALISER VOS RÊVES

Je vous propose cet exercice que j'appelle « Suivez votre flamme » ! Quelle est l'activité qui vous fait rêver, mais que vous vous sentez incapable de faire parce que vous avez peur ? Quel projet vous intéresse beaucoup, mais suscite beaucoup d'appréhension en vous ? Quel geste simple vous semble irréalisable à cause de l'anxiété qu'il provoque en vous ? Je vous invite à faire une liste des rêves et des désirs qui vous semblent fous, à cause de cette peur qui vous bloque. Autorisez-vous à rêver sans vous censurer ! Je vous cite quelques exemples :

- Aller au cinéma en solo afin de ne plus dépendre des envies des autres.
- Aller rejoindre une amie en terrasse.
- Voyager en solo.
- Apprendre à conduire et passer le permis.
- Prendre le métro.
- Dire non.
- Dire oui.
- Vous inscrire à la chorale / à la danse / au judo / à la peinture sur soie... même si vos proches trouvent cela bizarre sur le moment.
- Vous offrir cette jupe splendide dorée et la porter, au risque de vous faire remarquer.
- Vivre avec votre partenaire.
- Avoir votre propre appartement et vivre en solo.
- Engager la conversation avec vos collègues ou vos camarades de classe.
- Aller dans un quartier que vous ne connaissez pas.
- Montrer votre vulnérabilité aux autres.

- Prendre la parole en réunion.
- Vous inscrire à un jeu télévisé.
- Changer de style vestimentaire.
- Porter des couleurs et des imprimés, alors que vous ne portez que du noir, du beige ou du bleu marine.
- Avoir un enfant.
- Ne pas avoir d'enfant.
- Envoyer votre manuscrit à des maisons d'édition.
- Organiser un grand voyage pour votre famille.
- Donner votre véritable avis face à un groupe.
- Prendre la parole face à un groupe
- Vous affirmer face à vos parents.
- Dire à vos proches que vous les aimez.
- Adresser un compliment gratuit à quelqu'un.
- Créer votre entreprise.
- Participer à un spectacle de danse.
- Changer de travail.

Vous avez probablement des peurs que vous aimeriez apprivoiser. Choisissez un projet dans votre liste et passez à l'action, c'est le moment ! Vous ressentirez très probablement une sensation de peur, mais vous ferez avec et vous accommoderez de ces sensations. Je vous assure que vous serez enchanté d'être allé jusqu'au bout. La vie est une grande aventure dont vous êtes les héroïnes et les héros, alors je vous souhaite de vivre pleinement vos expériences. La peur ne devrait pas vous entraver et vous empêcher d'être la personne que vous désirez être, surtout si vous l'envisagez comme une compagne et une étoile qui vous guide. Je vous invite à oser et à vous affranchir !

TÉMOIGNAGE

LÉNA ET LA PEUR DE LANCER SON PODCAST

« Je connais bien la peur car elle est une colocataire qui prend trop de place parfois et laisse des traces. Pourtant, elle me veut du bien. Elle croit qu'elle me protège. Le problème, c'est que je lui ai laissé un peu trop de place. Elle a fini par me gouverner, jusqu'à ce que ma conscience évolue, que je sois accompagnée, que je travaille sur moi, que je lise des livres sur le développement personnel, la spiritualité, la santé, que je fasse de la méditation, du *journaling*, et que je réussisse à mettre du silence dans mes pensées. Cette prise de conscience a été fondamentale, mais progressive. Elle a l'opportunité de se réaliser à chaque action, chaque décision, chaque pensée... J'ai toujours le choix : est-ce que je choisis la peur ou l'amour ? Cela a été le cas quand j'ai voulu trouver plus de sens dans ma vie et commencer un podcast. J'avais deux consciences. Mon être intérieur rempli d'amour et de confiance qui me disait que c'était une super-idée, que ça allait m'apporter énormément, que j'allais rencontrer des gens formidables, que j'allais avoir du sens avec cette activité... Et ma peur, qui produisait des doutes, me bombardait de questions plus oppressantes les unes que les autres : "Et si ?", "Et si ça marche pas ?", "Et si personne n'aime ?", "Et si je ne trouve aucun invité ?", "Et si au bout de quelques épisodes, je n'ai plus envie ?", "Et si je n'ai plus le temps ?", etc.

Alors j'ai fait une pause. J'ai respiré. Je me suis apaisée. Puis, l'esprit calme, j'ai utilisé une règle que j'applique de plus en plus : "Qu'est ce qui est léger pour moi et qu'est ce qui paraît lourd ?". J'ai compris que la peur ne voulait pas me sortir de mon confort, alors que celui-ci était trop pesant pour moi car je manquais terriblement de sens dans ma vie. J'ai compris que l'expérience du podcast me paraissait légère, malgré la peur qu'elle engendrait. J'ai compris que je voulais me créer cette opportunité. Alors, je me suis lancée ! À ce jour, j'ai réalisé une centaine d'épisodes, qui se sont tous très bien passés. Ce podcast apporte du sens à ma vie. Il me permet de rencontrer

> des personnes très intéressantes, il me fait découvrir pleins de choses, il m'apporte tellement. Je ne regrette pas d'avoir changé de coloc pour cette aventure ! »
>
> **Léna Champy, créatrice du podcast « Horizons »**
> **@lena_champy**

QUAND ON MODIFIE NOTRE DISCOURS INTÉRIEUR

Quand on est un habitué des peurs, on est habitué à cette petite voix qui nous chuchote des messages à l'oreille. Généralement, cette voix nous informe que la situation est effrayante, qu'il faut faire attention, et parfois que nous ne sommes pas à la hauteur et pas capables. Mais, un jour, on peut décider de modifier le discours de cette petite voix. Quand on décide :

- de transformer le « je ne peux pas » en « pourquoi pas »,
- de transformer le « je n'y arriverai pas » en « je me laisse la possibilité d'essayer »,
- de transformer le « si tout n'est pas parfait, je ne fais rien » en « fait vaut mieux que rien du tout»,
- de transformer le « je ne vaux rien » en « je le mérite ».

Alors, le champ des possibles s'agrandit. C'est tout un univers qui s'offre à nous ! C'est fantastique.

CHANGER NOTRE REGARD SUR LA PEUR

J'espère qu'à l'issue de ce livre, vous verrez la peur différemment. Elle n'est pas forcément un monstre tapi dans l'ombre, mais peut devenir une boussole : c'est un instrument de navigation et de randonnée très pratique qui nous indique les points cardinaux, le nord, le sud, l'est, l'ouest. Si nous envisageons notre peur et nos peurs comme une boussole, comme une étoile plus brillante que les autres, comme la voix du GPS, alors nous pouvons considérer la peur comme une fidèle compagne qui nous guide et nous aide à déployer nos ailes. Nous pouvons imaginer que la peur nous montre le chemin et nous indique des chemins qui n'ont pas encore été défrichés et qui ne demandent qu'à l'être ! La peur nous indique aussi un chemin déjà emprunté auparavant, mais qui ne nous a pas laissé un bon souvenir. Il est important de le garder en tête et d'utiliser cette information à bon escient, pour guider notre décision.

L'important est d'avoir envie ou non d'emprunter ce chemin. Si nous n'en avons pas envie, rien ne sert de se forcer. Mais il est dommage de ne pas emprunter un chemin qu'on a envie d'emprunter, juste parce qu'on est entravé par la peur... Au bout de ce chemin, il y a surement de la magie ! Le chemin lui-même est peut-être illuminé d'espoir et pavé de belles surprises. Mais on ne le saura jamais si on ne s'y engage pas. On peut s'engager dans ce chemin avec la peur à nos côtés, comme une bonne compagne qui nous guide. Le jour où on accepte l'idée selon laquelle on peut agir en ayant peur, cela change tout !

La peur peut même devenir une bonne amie à qui on fait confiance, sur qui on peut compter et qui nous soutient dans les moments difficiles. Encore faut-il prendre le temps de l'écouter et de la comprendre ! Quand le sentiment de sécurité s'envole, c'est la peur qui s'installe. Mais peut-être le fait-elle pour notre bien ? Pour nous alerter ? Pour nous pousser à la réflexion et à l'action ? Je considère que la peur a un sens et qu'elle a quelque chose à nous dire, comme une bonne amie pourrait le faire.

Conclusion

Qu'est-ce que notre peur peut faire pour nous ? Avoir peur, c'est pénible, quelle que soit la forme que revêt notre peur (anxiété, effroi, angoisses...). Mais la peur a aussi des fonctions adaptatives. Elle a une fonction d'alerte, comme un détecteur de fumée, et nous indique qu'on est potentiellement en présence d'un danger. Elle produit un déclic, elle nous prie de nous arrêter un moment et de nous demander si quelque chose ne va pas, au travail, à la maison, dans la rue, avec les amis, avec soi-même... La peur a aussi une fonction de régulation, comme un thermostat et nous aide à nous procurer l'énergie dont nous avons besoin pour produire les comportements de préparation à l'action, en cas d'urgence ou d'événement important. Cette tension nerveuse nous aide à donner le meilleur de nous-mêmes, si on doit prononcer un discours ou réaliser une présentation en public, quand on se prépare pour un défi ou pour une performance. On peut utiliser cette tension nerveuse pour se préparer activement, visualiser notre réussite, s'entraîner, répéter, apprendre ses cours et son texte, ou faire une démonstration devant ses proches. C'est cela qui va participer à faire diminuer la pression. La peur a aussi une fonction d'accompagnement. Elle nous montre le chemin de nos envies et de nos ambitions. Elle nous montre tout ce que nous n'avons plus envie de manquer.

Je vous souhaite de tout cœur d'emprunter ce chemin et de ne plus vous empêcher d'agir, surtout pour les choses qui vous tiennent vraiment à cœur. Il ne s'agit pas de vous forcer à faire des choses qui ne vous intéressent pas, mais de vous lancer et réaliser les choses que vous aimeriez vraiment accomplir, malgré vos peurs... C'est différent ! Vous avez le droit de vous inscrire à ce cours de danse qui vous fait rêver, contacter cet homme ou cette femme qui vous attire secrètement ou postuler à cet emploi dans lequel vous vous projetez très bien... même si vous avez peur. Que peut-il se produire ? Dans le pire des cas, le cours de danse ne vous plaira pas, l'autre personne ne sera pas intéressée ou l'employeur ne vous répondra pas. Cela piquera peut-être, un peu, beaucoup, passionnément ou pas du tout... Une chose est certaine, la vie continuera ! Vous ressentirez surtout de la fierté et de la satisfaction d'avoir tenté votre chance, et d'être allé jusqu'au bout de vos envies et de votre rêve, en dépit de vos peurs. Quand nous décidons de ne plus laisser notre peur nous entraver, nous pouvons la prendre par la main et la laisser nous accompagner, alors que nous marchons vers notre destin et que nous réalisons nos rêves. Quand on réalise que tout s'est finalement bien passé et que nous sommes capables de faire bien plus de choses que nous le pensions, quel bonheur et quel accomplissement ! C'est exaltant ! Apprivoiser ses peurs et réaliser ses rêves en dépit de ses peurs, c'est là où réside la magie, non ?

Comme il n'est de bonne compagnie qui ne se quitte, nous avons le droit de dire au revoir à certaines peurs. Nous avons le droit, et même le devoir, de renoncer à certaines peurs, notamment celles qui nous entravent et nous empêchent de poursuivre notre route et celles qui s'opposent à une bonne estime de soi. Nous les remercions de nous avoir aidés à grandir et nous passons à autre chose ! Car *the show must go on*, n'est-ce pas ?

Bibliographie

Andersen M. M., Schjoedt U., Price H., Rosas F. E., Scrivner C., Clasen M., « Playing With Fear: A Field Study in Recreational Horror », *Psychological Science*, décembre 2020, p. 1497-1510.

Bailen N.H., Wu H., Thompson R.J., « Meta-emotions in daily life: Associations with emotional awareness and depression », *Emotion*, août 2019(5), p. 776-787. doi: 10.1037/emo0000488.

Cadinu M., Maass A., Rosabianca A. et Kiesner J., « Why do women underperform under stereotype threat? Evidence for the role of negative thinking », *Psychological Science*, vol. 16, n° 7, juillet 2005, p. 572-578.

Chomsky N. et Herman Edward S., *La Fabrication du consentement : De la propagande médiatique en démocratie*, Agone, 2008.

Croizet, J.-C., Leyens, J.-P., *Mauvaises réputations : Les réalités et les enjeux de la stigmatisation sociale*, Colin, 2003.

Curran T. et Hill A., « Perfectionism Is Increasing Over Time: A Meta-Analysis of Birth Cohort Differences From 1989 to 2016 », *Psychological Bulletin*, décembre 2017.

Frenkel M. O., Heck R.-B., Plessner H., « Cortisol and behavioral reaction of low and high sensation seekers differ in responding to a sport-specific stressor », *Anxiety, Stress & Coping*, septembre 2018, vol. 31(5), p. 580-593.

Frenkel M. O., Brokelmann J., Nieuwenhuys A., Heck R.-B., Kasperk C., Stoffel M., Plessner H., « Mindful sensation seeking: an examination of the protective influence of selected personality traits on risk sport-specific stress », *Frontiers in Psychology* 10, 2019.

Frenkel M. O., Laborde S., Rummel J., Giessing L., Kasperk C., Plessner H., Heck R.-B., Strahler J., « Heidelberg risk sport-specific stress test: a paradigm to investigate the risk sport-specific psycho-physiological arousal », *Frontiers in Psychology* 10, 2019.

Gardner D., *The Science of Fear: How the Culture of Fear Manipulates Your Brain*, Plume, 2009.

Glassner B., *The Culture of Fear: Why Americans Are Afraid of the Wrong Things*, Basic Books, 2018.

Gleick J., *La Théorie du chaos : Vers une nouvelle science*, Flammarion, 2021.

Golkar A., Selbing I., Flygare O., Ohman A., Olsson A., « Other People as Means to a Safe End: Vicarious Extinction Blocks the Return of Learned Fear », *Psychological Science*, septembre 2013, vol. 14, n° 11, p. 2182-2190. doi: 10.1177/0956797613489890.

Hillen M. A., Gutheil C. M., Strout T. D., Smets E. M. A., Han P. K. J., « Tolerance of uncertainty: Conceptual analysis, integrative model, and implications for healthcare », *Social Science & Medicine*, mai 2017. doi : 10.1016/j.socscimed.2017.03.024.

Jodelet D., « Dynamiques sociales et formes de la peur », *Nouvelle revue de psychosociologie*, 2011, n° 12, p. 239-256.

Marsh A., *The Fear Factor: How One Emotion Connects Altruists, Psychopaths, and Everyone in Between*, Basic Books, 2017.

Mian R., Shelton-Rayner G., Harkin B., Williams P., « Observing a fictitious stressful event: haematological changes, including circulating leukocyte activation », *Stress*, mars 2003, n° 6(1), p. 41-47. doi:10.1080/1025389031000101349. PMID:12637206.

Robin C., *La Peur : Histoire d'une idée politique*, Armand Colin, 2006.

Rosenthal R., Jacobson LF., « Teacher Expectation for the Disadvantaged », *Scientific American*, 1968, vol. 218, n° 4, p. 19-23.

Steele C., Aronson J., *Stereotype Threat and the Intellectual Test Performance of African Americans. Journal of Personality and Social Psychology*, vol. 69, n° 5, novembre 1995, p. 797-811.

Steele C., Aronson J., *Stereotype Threat Does Not Live by Steele and Aronson* (1995) Alone., vol. 59, février 2004.

Wolpe J., *Psychotherapy by Reciprocal Inhibition*, Stanford University Press, 1958.

Zajonc, Robert B., « Attitudinal Effects of Mere Exposure », *Journal of Personality and Social Psychology Monographs*, 1968, vol. 9 (2, partie 2), p. 1-27.

Zuckerman Marvin, *La IIIe révolution du cerveau : Psychobiologie de la personnalité*, Payot, 2003.

Remerciements

Je remercie mes proches et ma famille, spécialement mes parents, mon mari et mes petits garçons toujours encourageants et bienveillants à mon égard. Merci à mes enfants de m'avoir permis travailler de longues heures sur cet ouvrage. Je vous aime.

Je remercie ma cousine Samuelle pour sa relecture attentive de mon manuscrit.

Je remercie mes grands-mères, pour tout.

Je remercie mon éditrice Sophia pour sa gentillesse et sa confiance, ainsi que Cassandre, Bénédicte et Marie pour leur implication dans ce projet.

Je remercie les amies qui m'ont accordé leur confiance et m'ont confié leurs témoignages poignants.

Je remercie mes lectrices et mes lecteurs. Merci de me lire et de me faire des retours si sympathiques. Cela me va droit au cœur !

pca
cmb
édition pré-presse
livres numériques

44400 Rezé

Achevé d'imprimer en mars 2022
sur les presses de la Nouvelle Imprimerie Laballery
58500 Clamecy

Dépôt légal : mars 2022
Numéro d'impression : 202831

Imprimé en France

La Nouvelle Imprimerie Laballery est titulaire de la marque Imprim'Vert®